改正個人情報保護法で変わる

自治体防犯カメラの法務と実務

宇那木 正寛［著］

ぎょうせい

はしがき
―発刊の目的―

近年、自治体において犯罪抑止や迅速な犯罪解決による安全安心なまちづくりを推進するため、公共空間において、個人の容貌・姿態や行動に関する情報を継続的に収集するビデオカメラとその記録装置が一体となったビデオカメラシステムの設置や整備が進んでいます。自治体に限らず、自治会や地域の防犯組織といった地縁による団体もこうしたビデオカメラシステムを導入するなどして地域防犯の一翼を担うようになってきました。このようなビデオカメラシステムは一般に防犯カメラ、監視カメラ、見守りカメラなどと呼ばれ、機能の高度化や低価格化とともに、犯罪解決における圧倒的な実績がその普及を後押ししています。

いわゆるスタンド・アローン方式がほとんどであった自治体の防犯カメラ（第一世代）は、今や遠隔地操作により画像のダウンロードが可能であったり、撮影状況を遠隔地にあるモニターによりリアルタイムで確認できるなどネットワーク化されているタイプ（第二世代）も増えてきました。さらに、近い将来、顔認証や歩行認証などといった生体認証機能を有するビデオカメラシステム（第三世代）の導入が進めば、収集される個人の容貌・姿態や行動に関する情報群は、検索可能なデータベースとなります。

こうした防犯カメラは、機械システムによる無機質かつ静的な情報収集活動であるがゆえに、日常生活において、その存在が意識されることはほとんどありません。他方で、防犯カメラの有用性は認めつつも、地域の統治団体である自治体が公共空間における個人の容貌・姿態や行動に関する情報を本人の同意を得ないで継続的に収集し、記録することに対する懸念もあります。

こうした懸念に対応すべく、自治体の多くは、その設置・運用する防犯カメラについて、要綱などの内部規範を制定し、自主規制を行ってきたところです。加えて、近年、防犯カメラの設置・運用を民主的コントロールのもとでプライバシーに配慮し、適正かつ効率的に行うために条例を制定する自治体の数も着実に増えてきました。

こうした状況を踏まえ、筆者自身、理論的に十分解明できていない点もありますが、少なくとも自治体防犯カメラの法政策における現状と課題を明らかにする必要があると考えました。とりわけ、デジタル社会の形成を図るための関係法律の整備に関する法律（令和３年法律第37号）第51条の規定が令和５年４月１日から施行されることに伴い（デジタル社会の形成を図るための関係法律の整備に関する法律の一部の施行期日を定める政令（令和４年政令第176号））、防犯カメラの設置・運用により取得した個人の容貌・姿態や行動に関する情報の取扱いについては、各自治体が定める個人情報保護条例ではなく、同法により改正された個人情報の保護に関する法律が適用されることになります。これにより、個人の容貌・姿態や行動に関する情報を個人情報保護条例により取り扱うことを前提としている要綱や防犯カメラ条例の中には改正が必要なものもあります。この点に関し、できるだけ早く、改正に必要な知見を提供したいと考えました。これらが、現時点での出版に至ったもっとも大きな理由です。

本書の当面の目的は、個人情報の保護に関する法律の改正に伴い必要となる自治体防犯カメラの法政策の見直しのための知見を提供することです。しかし、最終目的は、防犯カメラに対する住民の不安や懸念を払拭し、安全安心のための自治体防犯カメラの法政策を積極的に推進するために必要な法的エッセンスを提供することにあります。個人情報の保護に関する法律の適用に伴う防犯カメラの要綱や条例の改正を検討している自治体はもとより、新たに防犯カメラ条例の制定を考えている自治体においても、本書を参照していただければ筆者としては望外の喜びです。

本書では、条例制定を目指す自治体の便宜を考慮して先行する条例の規定をできる限り多く引用し解説することを心がけました。また、自治体におけるリアルな実務を確認するため、栃木市、八街市、豊田市、美濃加茂市、伊丹市、加古川市、美咲町については、直接訪問して、また、杉並区、富士河口湖町については書面調査などにより、それぞれの条例制定の経緯、運用状況、今後の課題等に関するヒアリング調査を実施してきました。これらの調査結果の一部は、Column形式で紹介してあります。

執筆の準備段階において、鹿児島大学法学部の卒業生で、筆者のゼミの所属であった児島優香さんに資料の整理をお願いしました。また、読者目線の貴重なアドバイスとともに、デジタルネイティブ世代を代表する若者の１人として、自治体防犯カメラの法政策に対し提言を寄せてくれました。ここに記して深謝いたします。なお、この提言は「あとがき」に掲載しています。

最後になりましたが、書籍化に当たって、株式会社ぎょうせい出版事業部のみなさまには、格別なご高配を賜りました。衷心より感謝を申し上げます。

令和４年10月

宇那木　正寛

目　次

第6章　防犯カメラガイドライン　87

第7章　複合規制型防犯カメラ条例　91

第8章　補助金交付による防犯カメラ設置の促進 115

第9章　施設管理カメラ等 119

凡　例

1　法令名

自治法＝地方自治法

改正個人情報保護法＝デジタル社会の形成を図るための関係法律の整備に関する法律による改正後の個人情報の保護に関する法律

※令和４年10月１日時点で未施行のものも盛り込んでいる。

2　判例集・判例解説

・民（刑）集＝最高裁判所民事（刑事）判例集

・判時＝判例時報

・訟月＝訟務月報

・裁判所ウェブサイト＝https://www.courts.go.jp/

・判解＝最高裁判所調査官解説

3　文　献

単行本は著者名のあとに『　』を付し、論文は著者名の後に「　」を付し、共著は「＝」で結んでいる。

4　表　記

本文中、重要語句については**太字ゴシック体**で表記し末巻の主要事項索引に掲載し、文中の重要部分については**太明朝体**で表記した。

5　引　用

法令、判例の引用等においては、読みやすくするため、漢数字を算用数字とし、促音は現代かなづかいとし、常用漢字にないものは一部、これを改めている。

序　章　地域の安全安心と防犯カメラ

第１　安全安心のまちづくり

みなさんの自治体では防犯カメラが設置されていますか。防犯カメラの黎明期、設置の契機は、ひったくり事件の頻発、痴漢被害の多発、通学路での不審者の出現、殺人事件の発生といった特定の事象や事件でした。

近年では、こうした特定の事象や事件を直接の契機とするのではなく、自治体の安全・安心のまちづくりという大きな政策目標の実現手段として大規模かつ計画的に設置されるようになりました。たとえば、本書でも取り上げている伊丹市の例では、高齢者も安心して暮らせる「日本一安全安心なまちづくり」を目指す取組の一つとして設置されています。また、加古川市でも通学時や外出時の子どもの安全を確保することで、住民が安心して子育てができるまちづくりを目指し、小学校の通学路や学校周辺を中心に設置されています。さらに、特定の事業推進の観点から設置されているケースもあります。たとえば、富士河口湖町は、有名な観光地を抱えていることから、観光政策推進の観点から、観光客の安全安心のため、観光スポットやその駐車場などに設置されています。

このように、自治体が設置・運用する防犯カメラは、安全安心なまちづくりのための主要な社会インフラとして重要な地位を占めるようになっています。今後は、徘徊する高齢者の発見などの福祉施策、災害時の安否確認などの危機管理対策における活用も期待されるところです。

以上のように、極めて高い有用性をもつ防犯カメラですが、その設置・運用に全く課題がないわけではありません。その課題とは、「防犯カメラによりどの程度のプライバシー情報が収集されているのか不明である」、「防犯カメラにより収集された人の容貌・姿態や行動に関する情報がどのような手段でいつまで保管されるのか明確ではない」、「防犯カメラにより収集した情報と自治体が有する他の個人情報とが紐付けされないのか不安である」といった住民の不安や懸念に対し、十分に対応しきれていない点です。

このため、自治体が安全安心な地域社会の実現に必要な防犯カメラ政策をより積極的に推進するためには、こうした住民の不安や懸念解消のための方策が必要です。その具体的方策として考えられるのは、防犯カメラ設置・運用のルールをつくり、あらかじめ公表することです。その場合、ルールをどのような種類の規範を使って定めるかという問題があります。現状では、ほとんどの自治体が要綱という行政の内部規範で定めています。

確かに、ルールを要綱で定めることは柔軟かつ迅速に防犯カメラ政策を展開できるというメリットもあります。しかし、住民の不安や懸念を払拭し、自治体が法的確信をもって、積極的に防犯カメラ政策を展開するためには、議会との対話を通じて、民主的基盤を有する条例で明確に定めることが推奨されます。

第２　防犯カメラ政策の条例化

これまで防犯カメラ条例は比較的小規模の自治体で制定されてきましたが、令和２年、政令市としては初めて神戸市が条例を制定するに至りました。同市の条例制定は、安全で安心なまちづくりの推進を目的として、通学路や駅周辺などを中心に防犯カメラ2000台を設置することに伴うものです。同市が条例により防犯カメラの設置・運用のルールを定めたのは、防犯カメラの有用性を認めながらも、一方で、住民のプライバシー保護の観点から、防犯カメラの設置・運用を民主的コントロールのもとに置く必要があると考えたからでしょう。

今後、防犯カメラ条例の制定が住民や議会から求められるなどして、自治体防犯カメラの法政策を条例により定める自治体も増えるでしょう。また、既に防犯カメラ条例を制定している自治体であっても、防犯カメラのネットワーク化、顔認証システムの導入などに伴う条例改正の検討をすることが想定されます。

自治体政策をルール化する場合、政策内容に応じて規範の種類を選択すべきであり、「自治体の政策は原則、条例によるべきである」とする条例至上主義の論調には賛同できません。しかし、住民の権利を制限したり、義務を課す可能性がある、あるいは、当該政策における住民の評価が分かれているといった場合には、条例という民主的ルールにより政策を定めることが地方自治の本旨に適っているといえるでしょう。条例の制定は、要綱に比較すると、議会での議論などその制定における民主的プロセスにおいて多大な労力と時間が求められます。それゆえに条例により定められた政策は民主的基盤を有するものとして、尊重されるのです。

防犯カメラの設置・運用については、要綱で十分であって、わざわざ条例で定める必要はないと考える自治体は多いようです。しかし、自治体による防犯カメラの設置・運用は、地域の統治団体としての自治体が、公共的空間におけるものとはいえ、本人の同意なく、個人の容貌・姿態や行動に関する情報を継続的に収集するものです。よって、その根拠を条例に置くことが適切であるといえます。また、防犯カメラの設置・運用により収集される個人の容貌・姿態に関する情報は、個人の人格の象徴であり、アイデンティティーの中核をなすものです。よって、条例という民主的ルールにより取り扱われることが期待されるのです。

本書を読み進めたみなさんは、自治体が防犯カメラを設置・運用するに当たって、設置・運用の根拠、そして、収集された容貌・姿態や行動に関する情報の取扱いについて条例で定めることの必要性および重要性に気がついていただけるのではないかと思います。

なお、防犯カメラ条例の中には、本書でも取り上げている杉並区防犯カメラ条例のように、主に民間部門が設置する防犯カメラの設置・運用を規制対象とするタイプの条例もあります。このタイプの条例は、私人が設置する防犯カメラの設置・運用に当たって届出義務を課すなどするため、自治法14条２項により条例以外の規範を選択することはできません。

今後のまちづくりで特に力を注ぐべき分野について住民アンケートをとると、かならずといってもいいほど、「住民福祉の充実」と並んで「犯罪のない安全で安心なまちづくり」が上位にランクされます。こうした安全安心な地域社会を実現するための有効な手段の一つが防犯カメラの設置・運用です。今後のさらなる積極的な防犯カメラ政策の展開に向けて、自治体は、防犯カメラに対する住民の懸念を払拭し、かつ、政策の民主的基盤を強化するため、これまで以上に条例の制定を検討してほしいと思います。

第1章　防犯カメラとプライバシー

第１　防犯カメラによる情報収集とプライバシー

近年、自治体は、道路、公園、自由通路、駅前広場、駅の通路などの公共空間における犯罪の予防やその早期解決を図ることを目的として、個人の容貌・姿態や行動に関する情報を継続的に収集するビデオカメラとその記録装置が一体となったビデオカメラシステムの設置を推進しています。以下、**本書では、防犯などを目的として道路、公園、広場などの公共空間において本人の同意なしに個人の容貌・姿態や行動に関する情報を継続的に収集するビデオカメラとその記録装置が一体となったビデオカメラシステム**を**防犯カメラ**と定義します。

防犯カメラ自体は、社会的に認知されて久しいのですが[1]、防犯カメラの設置・運用に関する法律はありません。条例を制定して設置・運用に当たる自治体もありますが、多くの自治体は、要綱などの内部規範の定めるところにより設置・運用しています。

行政機関は、公共目的のために、個人の容貌・姿態に関する情報を含め、個人のプライバシーに関する情報を収集し、保管し、利用し、破棄します。行政機関の活動には、その根拠が定められることが少なくありませんが、**こうした情報の収集、保管、利用および破棄の各プロセスにおいても、その活動根拠となる規範が必要になるかどうかが問題になります**。

この点に関し、行政機関による情報収集活動については、そもそも有害な行為ではないので法令に特別の根拠は必要でないという考え方が実務ではあります。その理由として、①行政としてその任務を遂行するうえで、特別の定めがなくとも当然になし得るものである、②情

---

(1)　防犯カメラ普及の歴史については、朝田佳尚『監視カメラと閉鎖する共同体』（慶応義塾大学出版会、2019年）41頁以下が詳しい。

報収集それ自体、情報漏洩などの具体的リスクが想定されないため有害行為には該当しない、あるいは、③仮に有害な行為であるとしてもその程度が極めて軽微である、といった理解がなされているからではないでしょうか。

ところで、プライバシーについて新たな概念の構築を試みるダニエル・J・ソローヴ（Daniel J. Solove）教授は、情報処理（information processing）、情報拡散（information dissemination）、侵襲（invasion）だけではなく、**情報収集（information collection）もプライバシーに影響を与える有害な諸活動の一つであると位置づけています**[(2)]。ソローヴ教授は、仮に収集した情報が公にされないとしても、監視を直接意識すると人は極端に居心地悪く感じ、**自己検閲**と**自己抑制**につながる可能性があるため、情報収集活動はプライバシーに対する危害を生み出すとしています[(3)]。

また、日本弁護士連合会（日弁連）による「監視カメラに対する法規制に関する意見書」[(4)]は、カメラによる情報収集は、人の移動の躊躇につながる、あるいは、特定の場所と特定の行動を関連づけることにより、特定人の趣味嗜好、思想等が推測され、プライバシーだけではなく、表現の自由、良心の自由に対する侵害にもなるとしています。

防犯カメラの設置・運用によって継続的に収集される個人の容貌・姿態や行動に関する情報がプライバシー情報として法的保護の対象とされるのであれば、こうした情報を自治体が本人の同意なくして取得し、記録する行為は、自己検閲と自己抑制につながる有害行為に該当するといえます。

なお、ビデオカメラシステムの中には、警察組織により設置・運用

---

(2) ダニエル・J・ソローヴ（大谷卓史訳）『プライバシーの新理論　概念と法の再考』（みすず書房、2013年）144頁。

(3) ソローヴ（大谷訳）・前掲注（2）150頁。

(4) 同意見書は、監視カメラの増加がプライバシー保障の観点からの問題であるとして、その設置・運用についての基準、要件を定めた法律の制定を提言するために、2012年2月8日付けで警察庁長官に提出されたものである。

されるものがあります[(5)]。警察組織の活動には、刑事訴訟法に基づいて行われる犯罪捜査活動や警察法や警察官職務執行法に基づいて行われる犯罪予防活動などがあります。これらの活動の一部として行われるビデオカメラシステムによる個人の容貌・姿態の撮影・録画は、その活動に関する法領域の特殊性から別途考察が必要になります（第5章第4参照）。

第2　防犯カメラによる情報収集と改正個人情報保護法

令和４年10月１日現在、自治体が設置・運用する防犯カメラにより収集された**画像データのうち、他人から区別され、特定の個人を識別し得る個人の容貌・姿態や行動に関する情報**は、収集後、各自治体の個人情報保護条例の定めるところにより**個人情報**として保護される仕組みとなっています。以下、本書では、自治体が設置・運用する防犯カメラにより収集される個人情報のうち、このような特定の個人を識別し得る個人の容貌・姿態や行動に関する情報を**画像個人情報**と定義します。

ところで、令和５年には、個人情報保護法制の一元化を図り、個人情報の保護とデータ活用の適正なバランスを保つことを目的として、令和３年５月19日に公布されたデジタル社会の形成を図るための関係法律の整備に関する法律（令和３年法律第37号）51条が同法の施行日を定める政令（令和４年政令第176号）により令和５年４月１日に施行されます。これに伴い改正される改正後の個人情報の保護に関する法律（以下「**改正個人情報保護法**」という。）が自治体にも適用され、同法に基づき画像個人情報が保護されることになります。

なお、改正個人情報保護法は、収集した画像個人情報についての取

---

(5)　警察組織が設置運用する防犯カメラは、街頭防犯カメラと呼ばれ、令和３年３月末現在、31都道府県で2150台が設置されている（国家公安委員会・警察庁編『令和３年度版 警察白書』126頁）。

扱いについて定めるものであって、行政機関が情報を収集するための一般的根拠[6]となる規定を持つものではありません。

改正個人情報保護法

（目的）

第１条 この法律は、デジタル社会の進展に伴い個人情報の利用が著しく拡大していることに鑑み、**個人情報の適正な取扱いに関し、基本理念及び政府による基本方針の作成その他の個人情報の保護に関する施策の基本となる事項を定め、国及び地方公共団体の責務等を明らかにし、個人情報を取り扱う事業者及び行政機関等についてこれらの特性に応じて遵守すべき義務等を定める**とともに、個人情報保護委員会を設置することにより、行政機関等の事務及び事業の適正かつ円滑な運営を図り、並びに個人情報の適正かつ効果的な活用が新たな産業の創出並びに活力ある経済社会及び豊かな国民生活の実現に資するものであることその他の個人情報の有用性に配慮しつつ、個人の権利利益を保護することを目的とする。

⑹ 行政機関が住民の情報を収集する方法として、①本人の同意に基づき直接本人から収集する方法、②本人に情報提供義務を課す方法、③法令により行政機関に調査権を付与する方法などがある。このうち、②については、戸籍法49条（出生届出義務）、住民基本台帳法22条（転入届出義務）、地方税法152条（自動車税の申告義務）など多数存在する。また、③についても、住民基本台帳法34条、地方税法353条などの質問検査権を定める規定が多数存在する。

第2章　防犯カメラの法政策の展開

第１　自主規制型防犯カメラ要綱

本章では、自治体における法政策の展開についてみていきましょう。自治体では地域の安全安心なまちづくりの推進を目的とし、その目的を達成するために防犯カメラの設置・運用を行っています。

こうした自治体の多くが、プライバシー保護の観点からなんらかの自主規制のルールを定めています。ルールの種類として最も多いのが要綱、規程などの**行政規則**です。行政規則とは、行政機関が作成する一般的な法規範であって、国民の権利義務に関係する法規の性質を有しないものです。また、法規としての性格を有しないため、法律の授権を要しません[1]。以下、自治体自ら設置・運用する防犯カメラの自主規制の内容について定めた要綱や規程を**自主規制型防犯カメラ要綱**と定義します。

自主規制型防犯カメラ要綱は多数ありますが、次のような例があります。

城陽市防犯カメラの設置及び管理に関する規程

（趣旨）

第１条　この規程は、市の駅前広場等の適正な管理及び犯罪の抑制等を目的とした防犯カメラの設置及びその適正な管理運用に関し必要な事項を定めるものとする。

（定義）

第２条　この規程において、次の各号に掲げる用語の意義は、それぞれ当該各号に定めるところによる。

⑴　防犯カメラ　駅前及びその周辺の不特定多数の者が往来すると考えられる場所（以下「駅前広場等」という。）を撮影するため、市が設置又

⑴　宇賀克也『行政法概説Ⅰ〔第７版〕』（有斐閣、2020年）317頁。

は管理をする常設の画像撮影装置で、録画装置その他必要な関連機器で構成されるものをいう。

⑵ 画像データ　防犯カメラにより撮影された画像で、電磁的に記録されたものをいう。

（設置）

第３条　防犯カメラは、駅前広場等のうち別表に定める場所に設置し、常時稼働させるものとする。

２　防犯カメラの設置に当たっては、第１条に規定する目的を達成するために必要最小限度の撮影範囲になるように努め、撮影対象区域内の見やすい場所に、防犯カメラが設置されている旨を明確かつ適切な方法により表示するものとする。

〈第４条から第12条まで略〉

宝塚市安全・安心カメラの設置、管理及び運用に関する要綱

（目的）

第１条　この要綱は、宝塚市が設置する安全・安心カメラについて、その適正な設置、管理及び運用を行うために必要な事項を定めることにより、市民の権利及び利益の保護に留意しつつ、犯罪の未然防止及び犯罪発生時の迅速な対応等を図り、市民生活の安全を確保することを目的とする。

（定義）

第２条　この要綱において、次の各号に掲げる用語の意義は、当該各号に定めるところによる。

⑴ 安全・安心カメラ　前条に規定する目的（以下「設置目的」という。）に沿って、市が街頭に設置する撮影装置であって、画像の記録及び記録した画像の取出しを行う機能を有するものをいう。

⑵ 撮影画像　安全・安心カメラにより撮影され、記録された画像情報をいう。

⑶ 専用パソコン　安全・安心カメラから撮影画像を表示し、取り出すための専用ソフトがインストールされているパソコンをいう。

⑷ 捜査機関等　警察、検察等の犯罪捜査について法的権限を有する機関又は裁判所をいう。

（基本的事項）

第３条　安全・安心カメラの設置についての基本的な事項は、次のとおりとする。

(1) 安全・安心カメラの設置は、設置目的に則して行うこと。
(2) 安全・安心カメラの設置は、兵庫県宝塚警察署（以下「宝塚警察署」という。）から提供される情報及び宝塚警察署からの助言に基づき、設置目的に照らして有効な場所を選定すること。
(3) 安全・安心カメラの設置台数は、設置目的に照らして必要最小限の範囲の台数とすること。
(4) 安全・安心カメラの撮影範囲は、設置目的に照らして最も適切な範囲となるよう調整すること。
(5) 安全・安心カメラの設置に当たっては、別表に掲げるその設置場所を市民に周知すること。
(6) 安全・安心カメラが設置されていることを設置場所周辺の見やすい箇所に標識等で掲示すること。
2 撮影画像の取扱いについての基本的な事項は、次のとおりとする。
(1) 撮影画像は、個人情報の保護のために必要な措置を講ずること。
(2) 撮影画像は、設置目的を達成するため必要な場合に限って、捜査機関等に提供することとし、他の目的で利用し、又は提供しないこと。
(3) 撮影画像は、捜査機関等へ提供する場合及び安全・安心カメラの保守点検を行う場合を除き、取り出ししないこと。
3 専用パソコンについての基本的な事項は、次のとおりとする。
(1) 専用パソコンには、パスワードを設定するとともに、これを定期的に変更すること。
(2) 専用パソコンは、施錠設備がある保管庫において保管し、紛失、盗難等の防止のための措置を講ずること。

（稼働時間）
第4条 安全・安心カメラは、常時稼働させるものとする。
〈第5条から第15条まで略〉

第2 自主規制型防犯カメラ条例

こうした自主規制型防犯カメラ要綱が多数を占めるなかで、平成16年、富士河口湖町は自主規制の内容について定める条例をはじめて制定しました。このように自主規制の内容を定める条例を**自主規制型防犯カメラ条例**と定義します。このタイプの条例は、富士河口湖町の条例制定を嚆矢として、増えています。令和4年2月末現在、25の自主規制型防犯カメラ条例が制定されています（**図表2-1**）[2]。

図表2-1　自主規制型防犯カメラ条例

条例名	都道府県	条例制定日	条例施行日
1. 富士河口湖町防犯カメラの設置及び維持管理条例	山梨県	平成16年12月13日	平成16年12月13日
2. 鳴沢村防犯カメラの設置及び維持管理条例	山梨県	平成17年9月26日	平成17年9月26日
3. 瑞穂市防犯カメラの設置及び維持管理に関する条例	岐阜県	平成23年9月30日	平成23年9月30日
4. 八街市防犯カメラの設置及び運用に関する条例	千葉県	平成24年12月28日	平成25年4月1日
5. 川上村防犯カメラの設置及び維持管理に関する条例	長野県	平成25年6月20日	平成25年6月20日
6. 王寺町防犯カメラの設置及び運用に関する条例	奈良県	平成25年12月20日	平成25年12月20日
7. 三郷町防犯カメラの設置及び運用に関する条例	奈良県	平成27年3月19日	平成27年4月1日
8. 川越町防災・防犯カメラの設置及び運用に関する条例	三重県	平成27年3月24日	平成27年4月1日
9. 美咲町防犯カメラの設置及び管理運用に関する条例[3]	岡山県	平成27年3月24日	平成27年4月1日
10. 石巻市防犯カメラの設置及び運用に関する条例	宮城県	平成27年3月26日	平成27年4月1日
11. 丹波山村防犯カメラの設置及び維持管理条例	山梨県	平成27年6月18日	平成27年7月1日
12. 南相馬市防犯カメラ設置条例	福島県	平成27年9月28日	平成27年10月1日
13. 伊丹市安全安心のまちづくりのためのカメラの設置に関する条例	兵庫県	平成27年9月28日	平成27年9月28日
14. 砂川市防犯カメラの設置及び運用に関する条例	北海道	平成27年12月9日	平成27年12月9日
15. 那智勝浦町防犯カメラの設置及び運用に関する条例	和歌山県	平成28年3月22日	平成28年4月1日

(2) 地方自治研究機構「条例の動き・防犯カメラ」（http://www.rilg.or.jp/htdocs/img/reiki/027_surveillance_camera.htm、令和4年10月1日最終閲覧）参照。

(3) 同条例の立案者が解説するものとして、林田達夫「美咲町における防犯カメラ政策」自治実務セミナー651号（2016年）24頁以下がある。

条例名	都道府県	条例制定日	条例施行日
16. 忍野村防犯カメラの設置及び維持管理条例	山梨県	平成29年3月31日	平成29年4月1日
17. 山中湖村防犯カメラの設置及び維持管理条例	山梨県	平成29年6月27日	平成29年6月27日
18. 加古川市見守りカメラの設置及び運用に関する条例	兵庫県	平成29年9月29日	平成29年9月29日
19. うるま市防犯カメラの設置及び管理運用に関する条例	沖縄県	平成29年9月29日	平成29年9月29日
20. 山武市防犯カメラの設置及び運用に関する条例	千葉県	平成30年3月14日	平成30年4月1日
21. 小海町防犯カメラの設置及び運用に関する条例	長野県	平成30年3月19日	平成30年4月1日
22. 豊見城市安全安心のまちづくりのための防犯カメラの設置に関する条例	沖縄県	平成30年3月20日	平成30年3月20日
23. 恩納村防犯カメラの設置及び管理運用に関する条例	沖縄県	平成30年3月23日	平成30年4月1日
24. 川辺町防犯カメラの設置及び運用に関する条例	岐阜県	令和2年3月17日	令和2年4月1日
25. 神戸市安全で安心なまちづくりに資する防犯カメラの設置及び運用に関する条例	兵庫県	令和2年4月3日	令和2年5月1日

※掲載は条例の制定日の順による。

自主規制型防犯カメラ条例の中には、主に子供の安全安心な通学および生活の確保という目的に特化している小海町防犯カメラ条例のような例もあります。

小海町防犯カメラの設置及び運用に関する条例

（目的）

第1条　この条例は、通学路等公共の場所における防犯カメラの設置及び運用に関し必要な事項を定めることにより、**子どもたちが安全安心に通学し、地域で暮らすことができる町づくりを実現する**とともに、町民等の権利利益を保護することを目的とする。

第3　民間部門対応型防犯カメラガイドライン

自主規制型防犯カメラ要綱も自主規制型防犯カメラ条例もともに、自治体自らが設置・運用する防犯カメラに関し、その自主規制について定めるものです。これに対し、自治体などの公的機関以外の民間部門が設置・運用する防犯カメラなどに関し、その設置・運用についてのガイドライン（＝指針）を定めるものがあります。このような指針を**民間部門対応型防犯カメラガイドライン**と定義します。

たとえば、次の札幌市防犯カメラの設置及び運用に関するガイドラインがこれに当たります。このガイドラインを策定した目的について、策定者である札幌市はホームページ上で、次のように説明しています。すなわち、「防犯カメラは安全・安心の確保に役立つと考えられている反面、人の容姿等を撮影し、又は記録するものであるため、近年、関連法令等の整備が進んだ個人情報保護や、プライバシー保護の観点と対峙するという課題を抱えています。そこで札幌市では、市民のプライバシーを保護するとともに、防犯カメラに対する市民の不安感の解消を図り、もって防犯カメラの設置及び運用の適正化を促進していくため、事業者等（地域防犯活動団体や商店街振興組合も含みます）の皆さんに配慮をお願いしたい事柄をまとめたガイドラインを作成しました」[4]としています。

こうした民間部門対象型防犯カメラガイドラインは、事業者に法的義務を課すものではなく、行政指導のための指針として理解すること

(4)　このガイドライン策定におけるパブリックコメント手続において、住民から「本素案は、事業者のみならず、札幌市、北海道、国といった他の公共機関も対象とすべきである」との意見が出されたのに対し、札幌市は、「事業者等を対象にしたこのたびのガイドラインは、防犯カメラの設置及び運用のために配慮すべき必要最低限の事項を示したものです。また、札幌市では、札幌市個人情報保護条例及び札幌市個人情報保護審議会答申に基づき、市有施設に設置する1205台（19. 4. 1現在）のカメラの管理及び運用を行っているように、公共的責務を負いながらプライバシーの保護に努めるべき公共機関においては、より厳格なルールによって定義されるべきであると考えます。したがいまして、これら公共機関に対しては、このたびのガイドライン以上の基準を整備するよう、札幌市として働きかけていきます」と回答している。

ができます。

札幌市防犯カメラの設置及び運用に関するガイドライン

１　目的

このガイドラインは、防犯カメラの設置及び運用に関し、事業者等が配慮すべき事項を定めることにより、市民のプライバシーを保護するとともに、防犯カメラに対する市民の不安感の解消を図り、もって防犯カメラの設置及び運用の適正化を促進することを目的とする。

２　定義

このガイドラインにおいて、次の各号に掲げる用語の意義は、当該各号に定めるところによる。

⑴　防犯カメラ

犯罪の予防を目的（犯罪の予防を副次的目的とする場合を含む。）として不特定多数の者が利用する施設や場所に継続的に設置している画像記録機能を備えているカメラをいう。

⑵　画　像

防犯カメラにより撮影し、記録されたものであり、特定の個人を識別できるものをいう。

３　設置目的の明確化及び撮影の範囲

防犯カメラを設置し、撮影する場合には、以下の点に留意する。

⑴　設置の目的を明確にすること。

⑵　目的を達成するために必要な範囲に限って撮影すること。

〈以下略〉

第４　民間部門規制型防犯カメラ条例

住民のプライバシー保護を主たる目的とし、自治会や事業者などの民間部門により設置・運用される防犯カメラを規制対象とするタイプの条例があります。このようなタイプの条例を**民間部門規制型防犯カメラ条例**と定義します。民間部門規制型防犯カメラ条例は、民間部門が管理する駅舎などの公共空間を撮影対象とするビデオカメラシステムを規制するものです。民間部門規制型防犯カメラ条例では、自治体自身が設置・運用する防犯カメラは規制対象とされていません。

民間部門規制型防犯カメラ条例では、民間部門の防犯カメラの設置者に対して**設置運用基準**の制定義務および同基準の**届出義務**を課すなどの内容が定められています。このタイプの条例は、少数であると考えられます。その例として、現在、確認できるのは大多喜町防犯カメラの設置及び運用に関する条例のみです（**図表2-2**）。

図表2-2　民間部門規制型防犯カメラ条例

条例名	都道府県	条例制定日	条例施行日
大多喜町防犯カメラの設置及び運用に関する条例	千葉県	平成25年12月11日	平成25年12月11日

なお、大多喜町自身が設置・運用する防犯カメラが条例の規制対象となっていないことは、大多喜町防犯カメラ条例３条および同条例施行規則７条から明らかです。

大多喜町防犯カメラの設置及び運用に関する条例

（防犯カメラ設置運用規約の届出等）

第３条　次に掲げるものは、公共の場所に防犯カメラを設置しようとするときは、規則で定めるところにより、防犯カメラの設置及び運用に関する規約（以下「防犯カメラ設置運用規約」という。）を定め、これを町長に届け出なければならない。当該防犯カメラ設置運用規約の内容を変更しようとするときも、同様とする。

⑴　商工会法（昭和35年法律第89号）に基づく商工会

⑵　鉄道事業法（昭和61年法律第92号）第７条第１項に規定する鉄道事業者

⑶　犯罪の予防に関する自主的な活動を行う団体

⑷　**前３号に掲げるもののほか、規則で定めるもの**

大多喜町防犯カメラの設置及び運用に関する条例施行規則

（届出義務者）

第７条　条例第３条第４号の規則で定めるものは、町から**事務又は事業の委託を受けたもの**及び地方自治法（昭和22年法律第67号）第244条の２第３項に規定する**指定管理者**とする。

第5　複合対応型防犯カメラガイドライン

防犯カメラの設置・運用についてのガイドラインを示すものの中には、住民のプライバシー保護を目的として、その目的達成のために、自治体などの公的機関が設置・運用する防犯カメラと民間部門が設置する防犯カメラとの間に特に質的な違いを認めず、同列に位置づけ、その設置・運用についての指針を示すものがあります。このような指針を**複合対応型防犯カメラガイドライン**と定義します。たとえば、次の埼玉県の指針がこれに当たります。

（埼玉県）防犯カメラの設置と利用に関する指針

第１　通則

１　目的

この指針は、埼玉県防犯のまちづくり推進条例（平成16年埼玉県条例第36号）第19条第２項の規定に基づき、道路、公園その他の公共の場所の防犯カメラについて、設置及び利用の基準を示すことにより、防犯カメラの適切な運用を図ることを目的とする。

２　基本的な考え方

⑴　この指針は、防犯カメラの有用性に配意しつつ、県民等の人権を保護するために、防犯カメラの設置者に対して、その設置及び利用に関し配慮する必要がある事項を示すものである。

⑵　この指針は、社会状況等の変化を踏まえ、必要に応じて見直すものとする。

第２　道路、公園その他公共の場所における防犯カメラの設置及び利用に関する基準

防犯カメラの設置及び利用に関する基準は、次のとおりとする。

１　定義

⑴　防犯カメラ

この指針における防犯カメラとは、犯罪の防止を目的として設置される映像機器及びこれに附属する機器をいう。

⑵　防犯カメラの設置者

この指針における防犯カメラの設置者とは、次に掲げるものをいう。

ア　県

イ　**市町村**

ウ　**商店街**（商店街振興組合法（昭和37年法律第141号）に基づき設立された商店街振興組合及び商店街振興組合連合会並びに中小企業等協同組合法（昭和24年法律第181号）に基づき設立された事業協同組合並びに一定の地域において商店が集団形態をとり共同事業等の事業活動を行う団体）

エ　**自治会、町内会等**（地方自治法（昭和22年法律第67号）第260条の2第1項に規定する地縁による団体及びその他の地域における団体）

オ　**鉄道事業法**（昭和61年法律第92号）第3条第1項の規定により鉄道事業の経営について国土交通大臣の許可を受けた者

カ　**県及び市町村から事務又は事業の委託を受けた者**及び地方自治法（昭和22年法律第67号）第244条の2第3項に規定する**指定管理者**

(3)　設置場所

この指針における防犯カメラの設置場所とは、不特定多数の者が自由に利用することができる場所であり、次に掲げるものをいう。

ア　道路

イ　公園

ウ　広場

エ　鉄道の駅の自由通路

〈以下略〉

第6　複合規制型防犯カメラ条例

防犯カメラ条例の中には、自治体自らが設置・運用する防犯カメラと鉄道会社をはじめ**自治会**や**指定管理者**[5]といった民間部門が設置する防犯カメラとの間に特に質的な違いを認めず、同列に位置づけ、その設置・運用を規制する条例があります。このようなタイプの条例を**複合規制型防犯カメラ条例**と定義します。現在の防犯カメラ条例の多くはこのタイプのものです。複合規制型防犯カメラ条例は、自主規制

(5)　指定管理者制度は、平成15年の自治法の改正により創設された（自治法244条の2第3項)。自治体における公の施設の管理という行政の事務を自治体が指定した者に代行させる制度である。

型防犯カメラ条例と民間部門規制型防犯カメラ条例を一体化させたタイプのものといえます。

全国初の複合規制型防犯カメラ条例として杉並区防犯カメラ条例が有名です。その後、杉並区防犯カメラ条例の制定を嚆矢として、複合規制型防犯カメラ条例が全国の自治体で制定されるようになりました。令和4年9月末現在、45の複合規制型防犯カメラ条例を確認することができます（**図表2-3**）[(6)]。

図表2-3　複合規制型防犯カメラ条例

条例名	都道府県	条例制定日	条例施行日
1．杉並区防犯カメラの設置及び利用に関する条例[(7)]	東京都	平成16年3月19日	平成16年7月1日
2．立川市防犯カメラの設置及び運用に関する条例	東京都	平成16年12月22日	平成17年3月1日
3．市川市防犯カメラの適正な設置及び利用に関する条例[(8)]	千葉県	平成17年3月30日	平成17年7月1日
4．三鷹市防犯カメラの設置及び運用に関する条例	東京都	平成17年9月30日	平成18年1月1日
5．世田谷区防犯カメラの設置及び運用に関する条例	東京都	平成21年6月22日	平成21年10月1日
6．福生市防犯カメラの設置及び運用に関する条例	東京都	平成23年9月30日	平成23年11月1日
7．豊田市防犯カメラの設置及び運用に関する条例[(9)]	愛知県	平成25年3月22日	平成25年6月1日
8．狛江市防犯カメラの設置及び運用に関する条例	東京都	平成25年3月29日	平成25年4月1日

---

(6)　地方自治研究機構「条例の動き・防犯カメラ」（http://www.rilg.or.jp/htdocs/img/reiki/027_surveillance_camera.htm、令和4年10月1日最終閲覧）参照。

(7)　同条例について区の担当者が解説するものとして、諏訪彰弘「防犯カメラの有用性と個人のプライバシー保護の調和による環境整備―杉並区防犯カメラの設置及び利用に関する条例」自治体法務NAVI第5号（2005年）47頁以下がある。

(8)　同条例について同市の担当者が解説するものとして、藤崎亮「住民の安全・安心の確保に向けた市川市の防犯カメラ施策」月刊J-LIS平成29年8月号（2017年）14頁以下がある。

(9)　同条例について同市の担当者が解説するものとして、中島伸二「豊田市防犯カメラの設置及び運用に関する条例」自治体法務研究36号（2014年）68頁以下がある。

条例名	都道府県	条例制定日	条例施行日
9. 玉城町防犯カメラの設置及び利用に関する条例	三重県	平成25年6月18日	平成25年6月18日
10. 伊平屋村防犯カメラの設置及び運用に関する条例	沖縄県	平成25年6月27日	平成25年6月27日
11. 荒川区防犯カメラの設置及び運用に関する条例[10]	東京都	平成25年7月26日	平成25年10月1日
12. みよし市防犯カメラの設置及び運用に関する条例	愛知県	平成25年9月27日	平成25年12月1日
13. 一宮市防犯カメラの設置及び運用に関する条例	愛知県	平成26年3月26日	平成26年4月1日
14. 安城市防犯カメラの設置及び運用に関する条例	愛知県	平成26年3月26日	平成26年6月1日
15. 稲沢市防犯カメラの設置及び運用に関する条例	愛知県	平成26年3月31日	平成26年4月1日
16. 和気町防犯カメラの設置及び運用に関する条例	岡山県	平成26年9月26日	平成26年10月1日
17. 四日市市防犯カメラの設置及び運用に関する条例	三重県	平成26年10月6日	平成27年4月1日
18. 日光市防犯カメラの設置及び運用に関する条例	栃木県	平成26年12月17日	平成27年1月1日
19. 備前市防犯カメラの設置及び運用に関する条例	岡山県	平成26年12月19日	平成26年12月19日
20. 海老名市防犯カメラの設置及び運用に関する条例	神奈川県	平成27年3月30日	平成27年7月1日
21. 日野市防犯カメラの設置及び運用に関する条例	東京都	平成27年3月31日	平成27年4月1日
22. 多賀城市防犯カメラの設置及び運用に関する条例	宮城県	平成27年6月12日	平成27年9月1日
23. 清瀬市防犯カメラ設置及び運用に関する条例	東京都	平成27年6月30日	平成27年10月1日
24. 木津川市防犯カメラの適正な設置及び運用に関する条例	京都府	平成27年7月1日	平成27年7月1日
25. 小金井市防犯カメラの設置及び運用に関する条例	東京都	平成27年9月25日	平成27年11月1日
26. 国立市安心安全カメラの設置及び運用に関する条例	東京都	平成27年9月29日	平成27年12月1日
27. 国分寺市防犯カメラの設置及び運用に関する条例	東京都	平成27年10月1日	平成27年11月1日

(10) 同条例の運用状況を解説するものとして、諸角明彦「荒川区の治安対策と防犯カメラ」自治実務セミナー651号（2016年）19頁以下がある。

条例名	都道府県	条例制定日	条例施行日
28. 国見町防犯カメラの設置及び運用に関する条例	福島県	平成27年12月14日	平成28年1月1日
29. 伊根町防犯カメラの設置及び運用に関する条例	京都府	平成28年3月16日	平成28年3月16日
30. 恵那市防犯カメラの適正な設置及び運用に関する条例	岐阜県	平成28年3月22日	平成28年6月1日
31. 座間市防犯カメラの適正な設置及び運用に関する条例	神奈川県	平成28年3月29日	平成28年7月1日
32. 東久留米市防犯カメラの設置及び運用に関する条例	東京都	平成28年6月30日	平成28年10月1日
33. 東成瀬村防犯カメラの設置及び利用に関する条例	秋田県	平成28年9月26日	平成28年9月26日
34. 佐倉市防犯カメラの設置及び運用の適正化に関する条例	千葉県	平成28年9月30日	平成28年11月1日
35. 鈴鹿市防犯カメラの設置及び運用に関する条例	三重県	平成28年12月22日	平成29年4月1日
36. 今帰仁村防犯カメラの適正な設置及び利用に関する条例	沖縄県	平成29年3月24日	平成29年4月1日
37. 栃木市防犯カメラの設置及び運用に関する条例	栃木県	平成29年6月28日	平成29年7月1日
38. 岩倉市安全安心カメラの設置及び運用に関する条例	愛知県	平成29年12月22日	平成29年12月22日
39. 伊江村防犯カメラの適正な設置及び利用に関する条例	沖縄県	平成30年3月16日	平成30年3月16日
40. 塩竈市防犯カメラの設置及び運用に関する条例	宮城県	平成31年3月7日	平成31年4月1日
41. 美濃加茂市防犯カメラの設置及び運用に関する条例	岐阜県	平成31年3月20日	平成31年4月1日
42. 那覇市防犯カメラの設置及び運用に関する条例	沖縄県	平成31年3月20日	平成31年7月1日
43. 戸田市見守り防犯カメラの設置及び運用に関する条例	埼玉県	平成31年3月29日	平成31年7月1日
44. 嘉島町防犯カメラの設置及び運用に関する条例	熊本県	令和元年12月9日	令和元年12月9日
45. 輪之内町防犯カメラの設置及び運用に関する条例	岐阜県	令和3年3月17日	令和3年4月1日

※掲載は条例の制定日順

第7　小　括

これまで解説してきた自主規制型防犯カメラ要綱、自主規制型防犯カメラ条例、民間部門対応型防犯カメラガイドライン、民間部門規制型防犯カメラ条例、複合対応型防犯カメラガイドライン、複合規制型防犯カメラ条例について、規制対象とする防犯カメラの範囲および主な撮影対象場所により分類すると次のようになります（**図表2-4**）。

図表2-4　防犯カメラの法政策についての分類

	対象とされる防犯カメラ	主な撮影場所
自主規制型防犯カメラ要綱	当該自治体が設置・管理するもの	道路、公園など当該自治体が管理する公共空間
自主規制型防犯カメラ条例	当該自治体が設置・管理するもの	道路、公園など当該自治体が管理する公共空間
民間部門対応型防犯カメラガイドライン	鉄道事業者や自治会などの民間部門が設置・管理するもの	駅舎などの民間部門が管理する公共空間
民間部門規制型防犯カメラ条例	鉄道事業者や自治会などの民間部門が設置・管理するもの	駅舎などの民間部門が管理する公共空間
複合対応型防犯カメラガイドライン	自治体などの公的機関および鉄道事業者や自治会などの民間部門が設置・管理するもの	道路、公園、駅舎といった自治体などの公的部門や民間部門が管理する公共空間
複合規制型防犯カメラ条例	当該自治体および鉄道事業者や自治会などの民間部門が設置・管理するもの	道路、公園、駅舎といった当該自治体や民間部門が管理する公共空間

なお、防犯カメラは、道路、公園などの屋外の公共空間を撮影対象とするビデオカメラシステムです。これに対し、自治体の庁舎や図書館などの公の施設を撮影対象とするもの、あるいは、民間部門が管理する土地や建物内部の私的管理空間を撮影対象とするビデオカメラシステムについては、**施設管理カメラ**として第９章でとりあげます。

第3章　プライバシー権の意義と画像個人情報の保護

第1　プライバシーをめぐる学説

1　プライバシー権の形成

前章では、自治体における防犯カメラの法政策の現状について概観しました。自主規制型防犯カメラ要綱、自主規制型防犯カメラ条例、民間部門対応型防犯カメラガイドライン、民間部門規制型防犯カメラ条例、複合対応型防犯カメラガイドライン、複合規制型防犯カメラ条例のいずれについても、住民のプライバシーの保護が重要な目的となっています。そこで、プライバシーについての権利、すなわち、**プライバシー権**がどのようなプロセスを通じて生み出された法概念なのか確認しておきましょう。

プライバシー権は、19世紀後半、米国において、個人の私的領域を私人による侵害から守るために、不法行為における保護法益として認められるようになりました。同時代は、のちにプライバシーの議論に大きな影響を与えたウォーレン＝ブランダイスによる論文[1]が発表されるなど本格的議論が展開される萌芽期に当たります。同論文では、プライバシー権は他者から干渉されない権利、すなわち、「ひとりで放っておいてもらう権利」（the right to be let alone）であると包括的な定義がなされ、以後、この定義が広く普及することになりました。

その後、避妊具使用禁止の州法を違憲としたGriswold v. Connecticut[2]事件連邦最高裁判決では、プライバシーが憲法上の権利として認められ、妊娠中絶をはじめとする自己決定権として理解されるようになり

---

(1)　Samuel D.Waren & Louis D.Brandeis, *The Right To Privacy*, 4 Harvard Law Review193（1890）.
(2)　Griswold v. Connecticut. 381 U.S. 479（1965）.

ます[3]。さらに、コンピューターによる大量の個人に関する情報の蓄積と、その利用の時代を迎え、個人が自己の情報をどのように扱うかについて全て当該個人が制御できるという権利、すなわち、**自己情報コントロール権**としての理解が定着していきます[4]。

自己情報コントロール権説に立つアラン・ウエスティン（Alan F. Westin）教授は、プライバシーについて、自己の情報をいつ、どのように、どの程度まで第三者に伝達するかということを自己決定する個人、集団または機関の主張（Privacy is the claim of individuals, groups, or institutions to determine for themselves when, how, and to what extent information about them is communicated to others）であると定義しました[5]。

米国では、自己情報コントロール権説が有力とされますが、プライバシーの内容が広汎であることから、単一かつ包括的な定義は困難であるとの批判も少なくありません。たとえば、ウィリアム・プロッサー（William L. Prosser）教授は、不法行為法の観点から、侵害類型を、①私生活への侵入、②私事の公開、③他人に誤った印象を与えること、④氏名や肖像の営業目的での使用に分類し、プライバシーの内容を、異なった権利・利益の集合体としての整理を試みています[6]。また、近年では、ソローヴ教授により新たにプライバシー概念の再構築が試みられています[7]。

他方、我が国においては、1960年代、『プライヴァシー研究』[8]、『プライバシーの権利』[9]といった貴重な研究成果が発表されました。ま

---

(3) プライバシーに関する米国判例法については、石井夏生利『個人情報保護の理念と現代的課題―プライバシー権の歴史と国際的視点』(勁草書房、2008年) 121頁以下参照。
(4) 米国におけるプライバシー論の展開については、ソローヴ（大谷訳）・前掲注(1)17頁以下参照。
(5) Alan F. Westin, *Privacy and Freedom* 7 (1967).
(6) William L. Prosser, Privacy, 48 California Law. Review 389 (1960).
(7) ソローヴ（大谷訳）・前掲第1章注(2)144頁参照。
(8) 戒能通孝＝伊藤正己編『プライヴァシー研究』(日本評論社、1962年［復刻1989年］)。
(9) 伊藤正己『プライバシーの権利』(岩波書店、1963年)。

た、著名な**「宴のあと」事件東京地裁判決**[10]では、人が私事をみだりに公開されないという自由が、人格権として不法行為法の保護を受けるとしました。

その後、情報社会の進展につれて、個人の人格の中心に関わるような思想、心情、病歴などが国や自治体といった公権力の主体に大量に蓄積され、その管理・保管あるいは利用のあり方によっては、私人の平穏な生活に多大な影響を及ぼすおそれがあるといったことから、プライバシー権は、さらなる発展を遂げることになります[11]。こうした中で、我が国における自己情報コントロール権の提唱者である佐藤幸治教授は、プライバシー権を、ひとりで放っておいてもらう権利としてではなく、「**個人が道徳的自律の存在として、自ら善であると判断する目的を追求して、他者とコミュニケートし、自己の存在に関わる情報を開示する範囲を選択できる権利**」であると定義しました[12]。

また、松井茂記教授は、自己情報コントロール権について、「**自己情報の取得・収集から保有・管理・利用を経て、その開示・提供に至るプロセスにおいて、情報主体の同意がない限り取り扱い得ないこと**」であると定義しています[13]。この点に関連して、松井教授は、こうした自己情報の処理が国民の基本的人権に関わる以上、自己情報の取得・収集、保有・管理・利用、開示・提供は、原則**すべて法律の授権に基づいてのみ許される**とします[14]。

現在、プライバシー権については、これを自己情報コントロール権

⑽　東京地判昭和39・9・28判時385号12頁。

⑾　我が国のプライバシー概念の生成と展開について解説するものとして、榎原猛編『プライバシー権の総合的研究』（法律文化社、1991年）47頁以下〔清岡雅生・大里坦〕、新保史生『プライバシーの権利の生成と展開』（成文堂、2000）127頁以下参照。

⑿　佐藤幸治『現代国家と人権』（有斐閣、2008年）489頁以下。

⒀　松井茂記「情報コントロール権としてのプライバシーの権利」法学セミナー33巻8号（1988年）40頁。なお、松井教授は、自己情報コントロール権は、こうした自由権的性格のみではなく、個人の開示請求、削除請求、利用停止請求といった請求的性格も包含するとする。そのうえで、国民がこのような権利を行使するためには、法律や条例による具体化が必要であるとしている（同41頁）。

⒁　松井・前掲注⒀40頁。

として理解する学説が極めて有力であるとされていますが(15)、近年の裁判例でも、プライバシー権を自己情報コントロール権と解する裁判例も登場しています。

2 自己情報コントロール権説における「自己情報」の範囲

プライバシー権を自己情報コントロール権と解する説において、コントロールの対象とされる「自己情報」は、どのような範囲の情報と解されているのでしょうか。

佐藤教授は、文字通り個人に関する全ての「情報」のコントロールを意図するものではなく、そのような情報のうち、個人の心身の基本に関する情報（センシティブ情報）に限定しています。こうした情報を、**プライバシー固有情報**と定義し、具体的には、思想・信条・精神・身体に関する基本情報および重大な社会的差別の原因となる情報であるとします(16)。

また、佐藤教授は、プライバシー固有情報に直接関わらない外延的事項についての情報を**プライバシー外延情報**と定義しています。プライバシー外延情報は、正当な政府目的のため、適正な方法を通じて取得・保有・利用される場合、原則、直ちにはプライバシー権の侵害にはならないが、集積され、オンラインで結ばれ様々な利用対象となる場合、個人の道徳的自律の存在を脅かす可能性があることから、保護対象情報になるとしています(17)。

これに対し、同じく自己情報コンロール権説に立つ松井教授は、「自己情報」について、個人のアイデンティティに関わり、他者に対する流通を期待しない情報のうち、①通常人であれば、その個人情報を他者に知られたくないと思うであろうような情報であること（**秘匿性**）および、②その情報が既に広く公衆に知られていないこと（**未知性**）

---

(15) 芦部信喜『人権と憲法訴訟』（有斐閣、1994年）88頁。
(16) 佐藤・前掲注(12)490頁、同『日本国憲法論〔第2版〕』（成文堂、2020年）204頁脚注21。
(17) 佐藤・前掲注(16)『日本国憲法論〔第2版〕』206頁。

という２つの要件を満たすものであるとしています[18]。

また、松井教授は、佐藤教授がいうプライバシー固有情報とプライバシー外延情報の区別は明確ではないとします。そのうえで、権利制限の許容性については、秘匿性および未知性の要件を満たす情報の全てをプライバシー権の保護対象と考えつつ、当該自己情報の性質を考慮することによって対処すべきであるとしています[19]。

自己情報の範囲を広く解することは、プライバシー権が本来高い価値の人権であるにもかかわらず、低い保護にとどまる結果になりかねません（人権のインフレ化）。また、これにより、情報の円滑な流通を阻害するなどの問題が生じます。この点で、自己情報について、単なる個人に関する情報であるとはせず、原則センシティブ情報に限るとする佐藤説や秘匿性および未知性により自己情報の範囲を画する松井説のいずれにも合理性があります。

しかしながら、これらの説に問題がないわけではありません。佐藤説は、プライバシー外延情報という概念を定立し、秘匿性の低い情報であっても保護対象となる可能性を認めています。しかし、多種多様なデータが日々多くの行政機関に蓄積され、様々な目的でその活用が進んでいる現代においては、その保護を「集積され、オンラインで結ばれ様々な利用対象となる場合」に拡大するだけでは十分とはいえません。

また、松井説は、自己情報該当性について、秘匿性を有する個人に関する情報であることが必要であるとします。確かに秘匿性が全く認められないような情報は、保護に値するものとはいえず、秘匿性をその要件とすることは合理的です。しかし、情報単体としては秘匿性がさほど高くはない情報であっても、大量かつ多様な情報が行政機関に蓄積されている現代においては、他の蓄積情報と紐づけされることに

---

(18) 松井・前掲注(13)40頁。
(19) 松井・前掲注(13)40頁、同「プライヴァシーの権利について」法律のひろば41巻３号（1988年）38頁。

より、特定人の思想、特殊な嗜好や性癖など秘匿性の高い情報が新たに作り出されることもあり得ます。たとえば、自治体の図書館における複数の貸出履歴により、当該住民の思想、嗜好が推測される場合もあります。かつては、秘匿性が高くはないとされた氏名、住所などの個人に関する情報であっても、これらの情報がストーカー行為や公的給付を盗取するための犯罪手段となり得ることは、昨今の犯罪事情から明らかです。よって、自己情報の範囲を画するための要件として、秘匿性の要件は必要であるとしても、秘匿性の高い情報に限定するのでは、プライバシーの保護に十分とはいえません。

さらに、松井説は、自己情報該当性について未知性についても要求しています。しかし、ネット上にさらされ、あるいは、既にメディアにより広く報道された犯罪についての個人の情報のように未知性が認められないようなものであっても、未来永劫にわたって、無条件に取得し、公表され、あるいはその公表が継続されてよいとはいえず（**忘れられる権利**）、保護対象情報としての資格が当然に失われるわけではありません。よって、未知性については、保護の対象とするための要件とするには問題があります[20]。

第2　プライバシーをめぐる裁判例

1　「宴のあと」事件東京地裁判決

プライバシーが私法上の人格的利益として初めて裁判所によって認められたのは、前述の「宴のあと」事件東京地裁判決です。この事件は、

⒇　松井教授も、近著では、プライバシーとして保護されるのは、個人に関わる情報のうち、他人に知られたくないと思うのが相当であるような情報であるとして、未知性の要件について言及していない。たとえば、松井茂記『日本国憲法〔第3版〕』（有斐閣、2007年）510頁は、「本来プライヴァシーとして保護されるべきものは、個人に関わる情報のうち他人に知られたくないと思うのが相当であるような情報である」とする。また、同『インターネットの憲法学〔新版〕』（岩波書店、2014年）239頁以下は、「何がプライバシーなのかについてはなお不明な点があるが、個人情報のうち通常他人に知られたくないと思うようなものなら、プライバシーといえる」とする。

故三島由紀夫氏の小説「宴のあと」の登場人物でモデルとなった政治家が、同氏や出版社に対し、同小説がプライバシーを侵害し不法行為を構成するものであるとして謝罪広告の掲載と損害賠償を求めたものです。

東京地裁判決は、私事をみだりに公開されないという保障が、今日のマスコミュニケーションの発達した社会では個人の尊厳を保ち幸福の追求を保障するうえにおいて必要不可欠なものであり、その尊重はもはや単に倫理的に要請されるにとどまらず、不法な侵害に対しては法的救済が与えられるまでに高められた人格的な利益であるとし、これに対する違法な侵害は不法行為を構成すると判断しました。

また、法的な救済が与えられるための保護要件として、①私生活上の事実または私生活上の事実らしく受け取られるおそれのあることがらであること（私事性）、②一般人の感受性を基準にして当該私人の立場に立った場合、公開を欲しないであろうと認められることがらであって（秘匿性）、③一般の人々に未だ知られていないことがらであり（未知性）、④公開によって当該私人が実際に不快、不安の念を覚えたこと（不快性）、が必要であるとしたのです。

このように、「宴のあと」事件東京地裁判決は、あらゆる私事の公開に対して、不法行為法上の救済が与えられるとはしておらず、秘匿性および未知性を有する私事について、本人に不快性が生じていることが必要であるとしています。

この事件は、控訴審において和解となったため、最高裁の判断は示されませんでした。しかし、判示された保護要件は、その後のプライバシーに関する裁判所の判断に大きな影響を与えています。

2　京都府学連事件最高裁判決

プライバシー権が**憲法上の権利**としてはじめて認められたとされるのが、**京都府学連事件最高裁判決**(21)です。この事件は、京都市公安条

(21)　最大判昭和44・12・24刑集23巻12号1625頁。

例に基づきなされたデモ行進の許可条件に違反したとして、私服警察官が証拠保全のためにデモの様子を写真撮影したところ、当該撮影は本人の承諾なく行われたものであり、プライバシー権を保障する憲法13条に違反するとして争われたものです。

京都府学連事件最高裁判決は、国民の私生活上の自由が、警察権等の国家権力の行使に対しても保護されるべきであるとしたうえで、個人の私生活上の自由の一つとして、**何人も、その承諾なしに、みだりにその容貌等が撮影されない自由を有する**と判示しました。

ただ、こうした自由も国家権力の行使から無制限に保護されるわけではなく、公共の福祉のために必要がある場合には、相当の制限を受けることは、憲法13条の規定に照らして明らかであるとしています。そして、容貌等の撮影が許容される場合として、身体の拘束を受けている被疑者の写真撮影の根拠となる刑事訴訟法218条3項のような規定のある場合のほか、撮影される本人の承諾や裁判官の令状がない場合であっても、①現に犯罪が行なわれ、または、行われたのち間がないと認められる場合であって（現行犯性）、②証拠保全の必要性および緊急性があり（必要性および緊急性）、③その撮影が一般的に許容される限度をこえない相当な方法をもって行われるとき（相当性）、には許容されるとしました。

3　江沢民国家主席講演会事件最高裁判決

早稲田大学が江沢民国家主席を招いて行った講演会の参加者の名簿（学籍番号、氏名、住所および電話番号）を警視庁に提出したことがプライバシーの侵害になるかどうかが争われた事件において、最高裁判決[22]は、「学籍番号、氏名、住所及び電話番号は、早稲田大学が個人識別等を行うための単純な情報であって、その限りにおいては、秘匿されるべき必要性が必ずしも高いものではない。また、本件講演会

(22)　最判平成15・9・12民集57巻8号973頁。

に参加を申し込んだ学生であることも同断である。しかし、**このような個人情報についても、本人が、自己が欲しない他者にはみだりにこれを開示されたくないと考えることは自然なことであり、そのことへの期待は保護されるべきものであるから**、本件個人情報は、上告人らのプライバシーに係る情報として法的保護の対象となるというべきである」としました。

本判決は、外形的には、学籍番号、氏名、住所および電話番号といった一般的に秘匿性が低いと考えられる個人に関する情報の提供が問題となっていいるのですが、当該情報は実質的には、江沢民国家主席の講演会に出席した者であるという情報も含むものです。本判決は、このように情報の実質面からプライバシー性を判断したところに特徴があります。

4　住基ネット事件大阪高裁判決

氏名、生年月日、性別および住所からなる4情報ならびに住民票コードを加えた本人確認情報が**住民基本台帳ネットワークシステム**により管理、利用等されることが、プライバシー権の侵害に当たるかどうかが争われた事件において大阪高裁判決(23)は、次のように判示し、住民基本台帳ネットワークシステム(24)は、プライバシー権を侵害するものであるとしました。

すなわち、「情報通信技術が急速に進歩し、情報化社会が進展している今日においては、コンピュータによる膨大な量の情報の収集、保存、加工、伝達が可能となり、また、インターネット等によって多数のコンピュータのネットワーク化が可能となり、人は自己の個人情報が他者によってどのように収集、利用等されるかについて予見、認識

---

(23)　大阪高判平成18・11・30訟月53巻6号1835頁。

(24)　住民基本台帳ネットワークシステムとは、住民の利便性の向上と国および自治体の行政の合理化に資するため、居住関係を公証する住民基本台帳をネットワーク化し、全国共通の本人確認ができるシステムとして構築するものある。システムの内容については、住民基本台帳法30条の2から30条の44までに規定されている。

することが極めて困難となっている。このような社会においては、プライバシーの権利の保障、それによる人格的自律と私生活上の平穏の確保を実効的なものにするためには、自己のプライバシーに属する情報の取扱い方を自分自身で決定するということが極めて重要になってきており、その必要性は社会において広く認識されてきているといえる。今日の社会にあって、**自己のプライバシー情報の取扱いについて自己決定する権利（自己情報コントロール権）は、憲法上保障されているプライバシーの権利の重要な一内容となっている**ものと解する」と判示しています。

さらに、同判決は、自己情報コントロール権における「自己情報」の範囲について、前記江沢民国家主席講演会事件の最高裁判決を引用したうえで、「一般的には秘匿の必要性の高くない４情報や数字の羅列にすぎない住民票コードについても**その取扱い方によっては、情報主体たる個人の合理的期待に反してその私生活上の自由を脅かす危険を生ずることがある**から、本人確認情報は、いずれもプライバシー情報として、法的保護の対象となり（最高裁判所平成15年９月12日第二小法廷判決・民集57巻８号973頁参照）、自己情報コントロール権の対象となるというべきである」としています。

本判決は、江沢民国家主席講演会事件の最高裁判決と同じく、情報の実質面からプライバシー性を判断した点、また、自己情報コントロール権を憲法が保障しているプライバシー権の重要な内容であるとしている点に特徴があります。

5　住基ネット事件最高裁判決

前記大阪高裁判決の上訴審である最高裁判決(25)は、次のように述べて、憲法13条により保障された私生活上の自由を侵害するものではないとしました。すなわち、同判決は、「憲法13条は、国民の私生活

---

(25)　最判平成20・３・６民集62巻３号665頁。

上の自由が公権力の行使に対しても保護されるべきことを規定しているものであり、個人の私生活上の自由の一つとして、**何人も、個人に関する情報をみだりに第三者に開示又は公表されない自由を有する**ものと解される」としたうえで、「住基ネットによって管理、利用等される本人確認情報は、氏名、生年月日、性別及び住所から成る4情報に、住民票コード及び変更情報を加えたものにすぎない。このうち4情報は、人が社会生活を営む上で一定の範囲の他者には当然開示されることが予定されている個人識別情報であり、変更情報も、転入、転出等の異動事由、異動年月日及び異動前の本人確認情報にとどまるもので、これらはいずれも、個人の内面に関わるような秘匿性の高い情報とはいえない」。また、「住基ネットによる本人確認情報の管理、利用等は、法令等の根拠に基づき、住民サービスの向上及び行政事務の効率化という正当な行政目的の範囲内で行われているものということができる。住基ネットのシステム上の欠陥等により外部から不当にアクセスされるなどして本人確認情報が容易に漏えいする具体的な危険はないこと、受領者による本人確認情報の目的外利用又は本人確認情報に関する秘密の漏えい等は、懲戒処分又は刑罰をもって禁止されていること、住基法は、都道府県に本人確認情報の保護に関する審議会を、指定情報処理機関に本人確認情報保護委員会を設置することとして、本人確認情報の適切な取扱いを担保するための制度的措置を講じていることなどに照らせば、住基ネットにシステム技術上又は法制度上の不備があり、そのために本人確認情報が法令等の根拠に基づかずに又は正当な行政目的の範囲を逸脱して第三者に開示又は公表される具体的な危険が生じているということもできない」と判示しています。

本判決は、何人も、個人に関する情報をみだりに第三者に開示または公表されない自由を有するとはしました。しかし、いわゆる4情報について、前記大阪高裁判決とは異なり、「その取扱い方によっては、情報主体たる個人の合理的期待に反してその自由を脅かす危険を生ずること」があるかどうかについては論及せず、単に、秘匿性が低いものであるとしています。また、住基ネットは、そのシステム内容からして、みだりに第三者に開示または公表するものではないとしました。

第3　プライバシー権についてのまとめ

これまで、プライバシー権についての学説や判例について検討してきました。プライバシーが法的保護に値する利益であることが承認されたのは、「宴のあと」事件東京地裁判決でした。この際、プライバシーとは、私生活の内容を他人にみだりに公開されないという法的利益ないし権利であると定義され、**私法上の人格権**の一つであるとされたのです。その後、京都府学連事件最高裁判決では、本人の承諾なく、みだりに、容貌・姿態を撮影されない自由が**憲法上の権利**として認められました。また、江沢民事件最高裁判決では、秘匿性の低い個人に関する情報であっても保護される場合があることも示されました。そして今日、プライバシー権については、私事をみだりに公表されないといった利益にとどまるのではなく、より積極的に、自己についての情報をコントロールする権利であるとする理解が有力です。そして、前述の住基ネット大阪高裁判決のように自己情報コントロール権を憲法13条が保障するプライバシー権の一部であると積極的に判示する裁判例も登場しています。

ところで、京都府学連事件最高裁判決は、一般にプライバシー権の具体的権利性を認めたものと解されています[26]。これに対し、個人の容貌・姿態に関する情報については、プライバシー権とは独立した**肖像権**[27]（＝みだりに容姿、姿態等を撮影されない権利）として保護すべきであるとする学説があります。たとえば、赤坂正浩教授は、肖像

---

[26]　たとえば、芦部信喜＝髙橋和之『憲法〔第７版〕』（岩波書店、2019年）121頁。
[27]　自らの容姿をみだりに「商業的」に利用されない権利は特に**パブリシティ権**と呼ばれる。パブリシティ権およびその侵害を認めたものとしてピンク・レディ事件最高裁判決（最判平成24・２・２民集66巻２号89頁）がある。

権がプライバシー権とは異なる発展の経緯をたどってきたことを理由に、別の権利であるとしています[28]。また、長谷部恭男教授は、肖像権をプライバシー権とは異なる権利として取り上げ、情報収集そのものが違憲・違法とされる可能性がある権利であるとしています[29]。さらに、京都府学連事件最高裁判決についての海老原調査官解説は、みだりにその容貌・姿態を撮影されない自由について、権利という言葉は使っていないが、実質的には肖像権を承認したものと解して差し支えないであろうと解説しています[30]。

このように、みだりに容姿、姿態等を撮影されない権利については、保護要件が異なるとして、プライバシー権とは異なる別の独立した権利として理解することに合理性があることは確かです。しかし、そもそもプライバシー権は、その内容や保護要件の異なる権利の集合体として理解されています。また、別の権利として解しても、本書の結論を左右するわけではありません。そこで、本書でも、多数説に従い、みだりに容姿、姿態等を撮影されない権利はプライバシー権の一部であるとします。ただし、容姿・姿態は、個人の人格を象徴するものであり、かつ、個人のアイデンティティーの中核を担うものです。したがって、**一般のプライバシー情報とは異なり、秘匿性や未知性を満たすかどうかに関わりなく、個人の容貌・姿態についての情報であるというだけで要保護性を満たす**ものと解すべきです。

以上、本書では、これまでの学説、判例等の検討を踏まえたうえで、プライバシー権について、**自己情報の取得・収集から保有・管理・利用を経て、その開示・提供に至るプロセスにおいて、どのように自己情報を取り扱うかを個人が選択し得る権利**と定義します。このうち、自己情報の範囲について、①**個人の秘匿性を有する私事に関する情報**（人の容貌・姿態についての情報は除く）に加え、②**個人の容貌・姿**

(28) 赤坂正浩『憲法講義（人権）』（信山社、2011年）280頁以下。
(29) 長谷部恭男『憲法〔第８版〕』（新世社、2022年）155頁。
(30) 海老原震一「判解」判解刑事篇昭和44年度版491頁。

態についての情報も含むものであると解します。

このように解する結果、自治体が防犯カメラの設置・運用により、個人の容貌・姿態に関する情報を収集することは、たとえ、公共の場所におけるものであっても、本人が同意または権利放棄していない限り、自己情報コントロール権の一部を制限することになります[31]。

第4 プライバシー権とその放棄

プライバシー権は個人の権利なので、当該個人による**プライバシー権の放棄**も可能です。確かに、道路や広場などの公共空間に滞在している人の中には、容貌・姿態や行動に関する情報を放棄している人もいることでしょう。こうした理解を前提に防犯カメラの設置・運用している自治体も多いと思います。しかし、道路、広場などの公共空間に滞在している個人であっても、全ての個人がプライバシー権を完全

---

(31) 松井教授は、個人は憲法13条の「幸福追求権」のひとつとして、およそみだりに自己の映像を取得され写真撮影されない権利（プライバシーの権利＝自己情報コントロール権）が導かれるから、公共の場所においてでも、政府はみだりに個人の映像を取得したり写真撮影を行うことは憲法上許容されないとする。また、とりわけ、個人には思想・良心の自由、信教の自由、集会・結社などの基本的人権があり、公共の場所でこれらの権利を行使している場合、政府がこれらの権利を行使している人が誰であるかを特定することは、個人のセンシティブなプライバシーを侵害することになるから、憲法上のプライバシーの権利の場合には、私人間の民法上のプライバシーの権とは異なり、公共の場所においても強く保護される必要があるとする（松井茂記『肖像権侵害と表現の自由（二・完）』民商法雑誌127巻３号（2002年）324頁以下）。

(32) 伊藤正己『プライバシーの権利』（岩波書店、1963年）104頁は、公開された場所にいることによって、肖像に対するプライバシー権を全て放棄しているとはいえないとする。

(33) ダニエル・J・ソローブ（大島義則ほか訳）『プライバシーなんていらない⁉―情報社会における自由と安全』（勁草書房、2017年）201頁は「我々は公共空間で多くのプライベートな事を行う。たとえばドラッグストアで薬や衛生用品を買ったり本屋で本や雑誌を読んだりする。我々は一種の実質的な無名性を期待する。つまり、群衆の中の数多くのうちの一人であることを期待するのだ」とする。

(34) 大阪地判平成６・４・27判時1515号116頁は、「道路や公園などの公開された場所では、居宅内などの閉鎖空間における無防備な状態とは異なり、誰に見られるかもわからない状態に身を委ねることを前提として、人はその状況に応じて振る舞うなど、自ら発信すべき情報をコントロールできるから、その意味では、その存在自体を見ら

に放棄しているとはいえません[32]・[33]・[34]。

仮に個人が他の通行人に対して権利を放棄しているとしても、防犯カメラの設置・運用を行う地域の統治主体である自治体に対して撮影だけでなく、録画・保存されることまで許容しているとはいえないでしょう。このように、特に、放棄の相手方が地域の統治団体である自治体である場合、これに対して真に任意の権利の放棄があるといえるためには、放棄する権利の内容やその効果を熟知して放棄したことが認められるべきです。

なお、いうまでもありませんが、「撮影録画中！」といった掲示をした場合であっても、当該掲示を必ず見ているともいえず、仮に、見ていたとしても当然に撮影および録画に同意しているとはいえません。

第5　防犯カメラにより収集される情報の範囲

防犯カメラにより本人の同意なく収集される主な情報は、個人の容貌・姿態に関する情報であることはいうまでもありません。しかし、防犯カメラにより収集されるのは、こうした情報だけではありません。近年自治体で設置・運用される防犯カメラは、数百台の単位で設置され、かつ、365日、24時間にわたり継続的に稼働しています。このため、たとえば、**図表3-1**に示すように、カメラＡにより、Ｘが○月○日に心療内科に通院していることが、また、カメラＢによりＹが、△月△日に反戦ビラを配っていることが、さらに、カメラＣによりＺが、□月□日に教会のミサに参加している、といった各個人の行動に関する情報も併せて記録されることになります。この結果、個人の疾病、政

れることにより影響されるプライバシーは縮小されているといえる。しかし、公道においても、通常は、偶然かつ一過性の視線にさらされるだけであり、特別の事情もないのに、継続的に監視されたり、尾行されることを予測して行動しているものではないのであって、その意味で、人は一歩外に出るとすべてのプライバシーを放棄したと考えるのは相当でない」とする。

治思想、信奉する宗教といった高い秘匿性が認められる情報もあわせて、収集・記録されることになるのです。デジタル・データ・ストレージの進化や防犯カメラの台数の増加により、こうした情報の集積化が飛躍的に進むことになります。

図表3-1　防犯カメラにより収集される情報

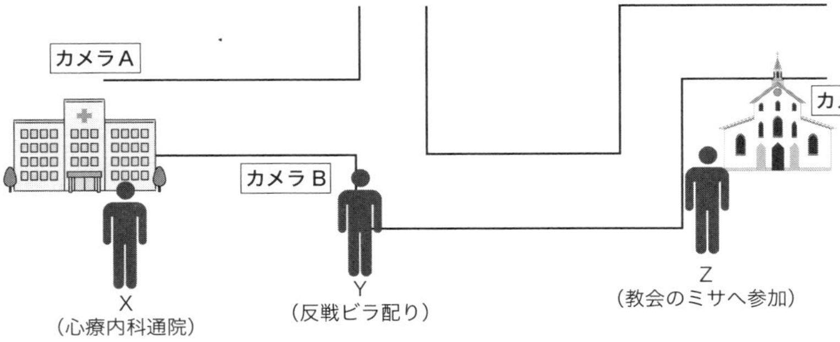

・　カメラAにより個人Xが心療内科に通院したという情報が収集される。
・　カメラBにより個人Yが「反戦」のビラ配りをしたという情報が収集される。
・　カメラCにより個人Zが教会のミサに参加したという情報が収集される。

個人情報保護政策

自治体の立法政策において、1980年代後半からOECD 8原則[35]に対応する形で、個人情報の開示請求、訂正請求、削除請求権、外部提供の停止請求など実体的権利を盛り込んだ個人情報保護条例が続々と制定されました。また、国家レベルでも2003年、行政機関の保有する個人情報の保護に関する法律をはじめとする個人情報保護制度が整備されるなどして、**個人情報コントロール権**が条例や法律により創設されるなどして現在に至っています。

---

(35)　8原則とは、①収集制限の原則（Collection Limitation Principle）、②データ適正内容の原則（Data Quality Principle）、③目的明確化の原則（Purpose Specification Principle）、④利用制限の原則（Use Limitation Principle）、⑤安全保護の原則（Security Safeguards Principle）、⑥公開の原則（Openness Principle）、⑦個人参加の原則（Individual Participation Principle）、⑧責任の原則（Accountability Principle）である。

第4章　自主規制型防犯カメラ要綱

第1　防犯カメラの設置・運用とその根拠規範

1　問題の所在

自主規制型防犯カメラ要綱は、自治体が設置・運用する防犯カメラの適正運用のための自主規制について定めるものです。本章では、自主規制型防犯カメラ要綱が抱える現在の法理論上の三つの問題について解説します。一つ目は、防犯カメラの設置・運用と根拠規範の問題、二つ目は、防犯カメラの設置・運用と比例原則の問題、三つ目は、改正個人情報保護法と自主規制型防犯カメラ要綱の問題です。

最初に、防犯カメラの設置・運用と根拠規範についての問題です。これは、防犯カメラの設置・運用を行う場合、その**根拠規範**として要綱という行政規則で足りるかという問題です。

防犯カメラの設置・運用の根拠を要綱で定めるものとして次のような例があります。

粕屋町防犯カメラの設置及び運用に関する要綱

（設置）

第３条　防犯カメラは、第１条の目的を達成するため、町長が特に認めた場所に設置する。

小山町防犯カメラの設置及び管理運用に関する要綱

（防犯カメラの設置）

第３条　町長は、犯罪の防止を図るため、町内の各所に防犯カメラを設置するものとする。

志木市防犯カメラの設置及び管理運用に関する要綱

（防犯カメラの設置等）

第２条　市長は、市内の道路、公園その他の不特定多数の者が利用することができる場所に、防犯カメラ（犯罪の抑止を目的として特定の場所に常設する、画像記録装置を有する映像撮影機器及びこれに附属する機器をいう。以下同じ。）を設置するものとする。

組織規範、根拠規範、規制規範

組織規範とは当該行政機関がどのような事務を所管するかについて定めた規範をいい、当該組織規範が存在することを前提に当該行政機関が具体的にいかなる権限を行使し、事務を執行し得るかについて定める規範が**根拠規範**です。また、組織規範、根拠規範以外に、行政手続法のように、ある行政活動をある行政機関がなし得ることを前提として、その適正を図るために設ける**規制規範**があります[1]。

こうした根拠規範、組織規範および規制規範の意義を理解しておくことは防犯カメラの法政策を検討するうえで、とても重要です。

2　法律による行政の原理と自治法１４条２項

⑴　法律による行政の原理

自治体が、防犯カメラを設置・運用する場合に、その根拠を定める必要があるでしょうか。また、根拠を定める必要がある場合、どのような種類の規範を選択すべきでしょうか。この問題を考えるうえでは、まず、**法律による行政の原理**の観点から検討する必要があります。

法律による行政の原理とは、行政の活動は**民主的規範**である法律（同じく、民主的規範である条例も含みます。以下同じ）によらなければならないとする原理で、我が国の公法学が成立した当初から、公法の基本原理として位置づけられ、論じられてきました。

法律による行政の原理について、田中二郎博士は、自由主義・民主

⑴　塩野宏『行政法Ⅰ〔第６版〕』（有斐閣、2015年）81頁以下。

主義における具体的制度的表現として行政行為の法的規制を目的に生まれたものであるとします[2]。また、藤田宙靖教授は、行政活動は常に、前もって定められた抽象的・一般的な法規範に従ってのみ行われるべきであり、国民の民主的コントロールのなきままに行われてはならないという要請であるとします[3]。これらの学説に代表されるように、法律による行政の原理は、自由主義的原理および民主主義的原理に基づく要請に基づくものであるとして理解されています。

法律による行政の原理は、①**法律の法規創造力の原則**、②**法律の優位の原則**、③**法律の留保の原則**に分類して議論されます[4]。①は、**法規**（＝国民の権利・義務に変動を及ぼす一般的規範）は、法律の専権に属するものであって、行政権は法律の根拠、すなわち、授権がない限り、法規を創造することはできないとする原則であり、②は、行政活動は法律に違反して行われてはならないという原則であり、③は、行政活動を行うためには法律という民主的規範の授権がなければならないという原則です[5]。

このうち③は、特定の行政活動が法律に留保されているという原則であって、立法実務においては、規範選択の場面で重要な意味を持ちます。どのような種類の行政活動が法律に留保されるべきかについては、権利を制限し、または義務を課す作用に限って法律の授権が必要であるとする**侵害留保説**、全ての行政活動には法律の授権が必要であるとする**全部留保説**、権力的行政活動についてはそれが権利を侵害するものであるか、あるいは、授益的な作用であるか否かに関係なく法律の授権が必要であるとする**権力留保説**、国民の基本的人権の保障のため重要な作用を及ぼす活動については、法律の授権が必要であると

---

(2) 田中二郎『法律による行政の原理〔第７版〕』（酒井書店、1975年）21頁。
(3) 藤田宙靖『新版 行政法総論（上）』（青林書院、2020年）61頁。
(4) 塩野・前掲注(1)77頁。宇賀・前掲第２章注(1)31頁。
(5) 大橋洋一『行政法Ⅰ〔第４版〕』（有斐閣、2019年）24頁は、市民が選出した代表からなる議会が制定した法律は市民の自己同意と同視され、法律の授権が存在する場合とは、換言すれば市民の同意が取得されている場合であるとする。

する**重要事項留保説**などが主張されています。実務は、侵害留保説の立場といえるでしょう[(6)]。

侵害留保説は、自由主義的観点からすると優れていますが、議会による民主的コントロールを行政に対して十分に及ぼすことはできないという問題点があります。

全部留保説は、権力分立の立場を厳格に貫き、自由主義的観点、民主主義的観点のいずれからも忠実な理論ですが、行政活動の柔軟性、機動性が失われるといった問題があります。たとえば、同説に立つと、国民健康保険制度の概要について説明を求める住民に対して、説明をすることができる根拠規範がなければ、そのような簡易な行政サービスすら提供できないことになります。

権力留保説は、全く同じ内容の活動であるにもかかわらず、法律構成の仕方で留保事項が異なることが疑問視されています。たとえば、補助金の交付行為についても、権力行為（行政行為）として構成される場合には法律の授権を必要とするが、私法上の贈与契約として構成される場合には権力行為ではないから法律の授権を必要としないということになります。重要事項留保説は、民主的コントロールの観点からすると優れていますが、そもそも、何が重要事項なのかを明確にすることは困難であるとの指摘がなされています。

以上のように、いずれの説もグランドセオリーとなり得るものではありませんが、自由主義的観点から、権利を制限し、または、義務を賦課する事項については少なくとも法律に留保されていることについては、異論はないといえるでしょう。あとは行政活動の内容に応じて、どの程度民主的コントロールを及ぼすのかという点で各説の個性が生じているといえます[(7)]。

---

(6) 塩野宏『法治主義の諸相』（有斐閣、2001年）110頁、同・前掲注(1)83頁。

(7) 法律の留保に関し、藤田教授は、法律の留保の原則の趣旨が行政権の行使を公開の場で行う討議の結果により行わせるということであれば、状況により組織規範や規制規範をもって根拠規範に代えることも全く考えられないわけではないとする（藤田・前掲注(3)96頁）。

(2) 自治法14条2項の意義

自治法14条2項は、「普通地方公共団体は、義務を課し、又は権利を制限するには、法令に特別の定めがある場合を除くほか、条例によらなければならない」と規定しています。同項の規定については、行政機関が義務を課し、または権利を侵害するような活動をする場合には、条例にその根拠を置く必要があるとする侵害留保の原則を定めたものと解することも可能です。他方、同項は、義務を課し、または権利を制限する事項（＝**法規事項**）については、条例という民主的規範により定めることが必要であり、行政機関が定立する規範によっては定めることができないという法律の法規創造力の内容について定めていると解することもできます。さらに、双方の趣旨を含むものであると考えることもできます。このように、同項の趣旨については、三つの考え方があるのですが、本書では、法規創造力の原則および法律の留保の原則のいずれの趣旨も包含した規定であると解します(8)。

なお、法律の留保の原理についての議論なのか法律の法規創造力についての議論なのか理解しにくい部分があるのですが、次のように考えればよいでしょう。すなわち、「何人も違法な行為は、これをしてはならない」という規定は、住民の一般的義務を定めたものであって、行政機関が活動を行うための根拠規範を定めるものではありません。この内容を法律で定める必要があるかどうかは、法律の法規創造力の問題であって、法律の留保の問題ではないのです。これに対し、「知事は、この条例の規定に反する者に対し、必要な措置を命じることができる」という規定が必要かどうかというのは、根拠規範の問題、すなわち、法律の留保の問題ということになります。

---

(8) 松本英昭『新版逐条地方自治法〔第9次改訂版〕』（学陽書房、2017年）195頁は、同項について、侵害留保の原則を特に意識したものではなく、単純に義務の賦課や権利の制限を行う場合には、法令に特別の定めがある場合を除き、条例の根拠が必要であることを規定したものであると理解することが妥当であろうとする。

3 防犯カメラの設置・運用に必要とされる根拠規範

自治体が地域の統治団体として、防犯カメラにより画像個人情報を収集し、保有することは、前章第3で解説したように、本人の同意や放棄の意思がない限り、プライバシー権（＝自己情報コントロール権）を制限する(9)ことになります。それは、次のような理由からです。すなわち、プライバシー権とは**自己情報の取得・収集から保有・管理・利用を経て、その開示・提供に至るプロセスにおいて、どのように自己情報を取り扱うかを個人が選択し得る権利**です。これにより、自治体が本人の同意や放棄の意思がないにもかかわらず、当該個人の容貌・姿態や行動に関する情報を収集し、保有し、記録することは、当該個人の自己情報コントロール権の一部（防犯カメラにより収集される個人の容貌・姿態や行動に関する情報に係る部分）が制限されるという結果につながるからです。

この点に関し、多くの自治体では、公共空間における個人の容貌・姿態や行動に関する情報の収集はプライバシー権の制限には当たらないと考えられています。その根拠とされるのは、公共空間においては私的管理空間とは異なり、プライバシー権を放棄していることが合理的解釈により推認できる、あるいは、積極的に放棄していないとしてもプライバシー権の保護についての期待をしておらず、要保護性は極めて低いといった理解があるからです。しかし、前章第4で解説したように、こうした主張が一部の個人には該当しても、全ての個人に該当するとはいえません。また、特に地域統治主体である自治体に対して真に任意の権利の放棄があるといえるためには、放棄する権利の内容やその効果を熟知して放棄したことが認められなければならないといえます。

ところで、自治体には、地域の事務（自治法2条2項）の一つとし

---

(9) 小山剛『「憲法上の権利」の作法〔第3版〕』（尚学社、2016年）15頁は「ビデオカメラによる監視には、映像の保存を伴うものと、伴わないものとがあるが、前者が肖像権に対する『制限』に当たることに争いはない」とする。

ての防犯・防災・地域安全確保という責務が存し、その責務の遂行の一環として、防犯カメラの設置・運用を位置づけることができるとして、特別の根拠は必要ないとする説[10]もあります。確かに、防犯カメラの設置を行い、犯罪のない安全安心なまちづくりの推進を目指すことは、地域の事務といえます。しかし、地域の事務であれば、当該事務執行のための法的根拠は必要ないとはいえません。地域の事務であっても、住民の権利を制限したり、義務を賦課する内容を含む事務にあっては、法律による行政の原理および自治法14条２項の定めるところにより、条例という民主的基盤を有する規範でその活動根拠を定めることが求められるはずです。

以上から、自治体が防犯カメラの設置・運用し、画像個人情報を収集することによりプライバシー権が制限される場合があることを前提に、防犯カメラの設置・運用の根拠を条例で定めることが適切です[11]。

第2　防犯カメラの設置・運用と比例原則

自主規制型防犯カメラ要綱における課題の二つ目は、防犯カメラの設置・運用と比例原則の問題です。すなわち、比例原則の観点から、防犯カメラの設置・運用を適法に行うためにはどのような要件を満たすことが求められるかという点です。

自治体の権力的行政活動については、**比例原則**に適ったものでなければなりません。したがって、防犯カメラの設置・運用に伴うプライバシー権の制限については、その目的を達成するうえで必要最小限で

---

(10)　星周一郎「街頭設置カメラの高機能化・生体認証機能と個人情報該当性—改正個人情報保護法と防犯カメラ条例の意義—」法学会雑誌57巻２号（2017年）234頁、甲斐素直「監視カメラと人権」日本法学72巻１号（2006年）13頁。

(11)　小池知子「地域と防犯～街頭防犯カメラの問題点」地域マネジメント研究（2017年）52頁もこのように解する。他方で、田村正博『全訂 警察行政法概説〔第２版〕』（東京法令、2015年）327頁脚注(44)は、「公共的空間に対する撮影録画は、公の機関が行う場合と私人が行う場合とで本質的な差はない」とする。

あることが求められます。

具体的には、**①設置の場所、②作動時間および③撮影範囲のそれぞれについて、できるかぎり最小限となるような自主規制の内容を定めること**です。こうした自主規制の内容を定める条項は規制規範に分類されるものですが、法律による行政の原理や自治法14条2項による制約を受けるものではありません。よって、条例ではなく要綱などの行政規則で定めることも可能です。

比例原則 ✻✻✻✻✻✻✻✻✻✻✻✻✻✻✻✻✻✻✻✻✻✻✻✻✻✻✻✻✻✻✻

行政活動においては、一般法理（条理）が適用されます。一般法理には、信義則、権利濫用禁止の原則、比例原則、平等原則、説明責任の原則などがあります。このうち、比例原則とは、住民の権利や自由を制限する公権力発動の手法や態様は、除去されるべき障害の大きさに比例しなければならず、不必要、あるいは過剰な規制を禁ずるというものです。権利の制限や義務の賦課が必要となるような法政策において特に重要となる法理です。

こうした比例原則に沿った設置・運用の基準を定めた自主規制型防犯カメラ要綱として次のような例があります。

甲賀市防犯カメラの設置及び運用に関する要綱

（設置場所等）

第４条　管理責任者は、防犯カメラを設置する場合はプライバシーの保護を考慮し、**設置目的を達成するために必要最小限の撮影対象区域となる場所に設置**するように努めるものとする。

小山町防犯カメラの設置及び管理運用に関する要綱３条

２　前項の防犯カメラの撮影範囲については、**防犯効果の向上及び個人のプライバシー保護の調和を図った適正な撮影範囲**とする。

鉾田市防犯カメラの設置及び運用に関する要綱

（防犯カメラの設置場所等）

第5条 管理責任者は、防犯カメラの設置に当たっては、**設置する目的を達成するために必要な最小限度の撮影範囲**となる場所に設置するよう努めるものとする。

第3 改正個人情報保護法と自主規制型防犯カメラ要綱

自主規制型防犯カメラ要綱における課題の三つ目は、改正個人情報保護法と自主規制型防犯カメラ要綱の問題です。改正個人情報保護法は、令和5年4月1日より、自治体の保有する個人情報についても適用されることになります。これにより、防犯カメラの設置・運用により収集される画像個人情報の取扱いについても、当然に改正個人情報保護法の対象となります。

これまで、次の例のように、画像個人情報の取扱いについては個人情報保護条例による旨を定めている自主規制型防犯カメラ要綱では、改正が必要になります。

小山町防犯カメラの設置及び管理運用に関する要綱

（プライバシーの保護等）

第4条 町長は、画像が個人のプライバシーに関する情報であることを常に配慮し、**小山町個人情報保護条例**（平成16年小山町条例第10号）**の趣旨に従って、適正に取り扱わなければならない。**

河合町防犯カメラの設置及び運用に関する要綱

（画像の保管等）

第7条 管理責任者は、**河合町個人情報保護条例**（平成17年3月条例第2号。以下「個人情報条例」という。）**に基づき、適正に取り扱わなければならない。**

ところで、画像個人情報のうち、個人の容貌・姿態についての情報は、個人の人格の象徴にかかわるものであり、かつ、アイデンティティーの中核的部分を構成するものです。このため、次の神埼市および琴平町の例のように、個人情報保護条例に定められている目的外利用や第三者提供に関し、自主規制型防犯カメラ要綱において異なる取扱いがなされている場合があります。

【神埼市の例】

（神埼市）防犯カメラの設置並びに管理および運用に関する要綱

（画像データの使用）

第7条　画像データは、神埼市が管理及び運用に使用するもののほか、撮影区域において発生した犯罪に関し、捜査機関が行う捜査に対する情報提供以外の目的に使用してはならない。

神埼市個人情報保護条例

（利用及び提供の制限）

第8条　実施機関は、個人情報取扱事務の目的以外に保有個人情報を、当該実施機関内若しくは実施機関相互において利用（以下「目的外利用」という。）をし、又は実施機関以外のものへの提供（以下「外部提供」という。）をしてはならない。ただし、次の各号のいずれかに該当するときは、この限りでない。

⑴　法令等に定めがあるとき。

⑵　本人の同意があるとき。

⑶　出版、報道等により公にされているものを利用し、又は提供することが正当であると認められるとき。

⑷　個人の生命、身体又は財産の安全を守るため、緊急かつやむを得ないと認められるとき。

⑸　専ら統計の作成又は学術研究のために、当該実施機関以外のものに提供する場合で、本人の権利利益を不当に侵害するおそれがないと認められるとき。

⑹　当該実施機関内において利用し、又は他の実施機関に提供する場合で、

これらの実施機関の執行上やむを得ず、かつ、本人の権利利益を不当に侵害するおそれがないと認められるとき。
(7) 実施機関が、あらかじめ神埼市個人情報保護審査会の意見を聴いた上で、公益上の必要その他相当の理由があり、かつ、本人の権利利益を不当に侵害するおそれがないと認めるとき。

【琴平町の例】

琴平町防犯カメラの運用に関する要綱

(提供の制限)

第6条 管理責任者等は、画像から知り得た情報を第三者に提供してはならない。管理責任者等でなくなった後においても同様とする。ただし、次のいずれかに該当し、使用に妥当性が認められる場合は、管理上必要な事項を記録した上で、画像を使用することができる。

(1) 法令に基づく手続きにより照会等を受けた場合
(2) 捜査機関から犯罪捜査の目的により要請を受けた場合。ただし、捜査機関が画像の提出を求める場合は、文書による。

琴平町個人情報保護条例

(保有特定個人情報以外の保有個人情報の利用及び提供の制限)

第7条 実施機関は、法令等に基づく場合を除き、利用目的以外の目的のために保有個人情報(保有特定個人情報を除く。次項において同じ。)を自ら利用し、又は提供してはならない。

2 前項の規定にかかわらず、実施機関は、次の各号のいずれかに該当すると認めるときは、利用目的以外の目的のために保有個人情報を自ら利用し、又は提供することができる。ただし、保有個人情報を利用目的以外の目的のために自ら利用し、又は提供することによって、本人又は第三者の権利利益を不当に侵害するおそれがあると認められるときは、この限りでない。

(1) 本人の同意があるとき。
(2) 人の生命、身体又は財産の保護のために緊急に必要があるとき。
(3) 実施機関が法令等の定める所掌事務の遂行に必要な限度で保有個人情報を内部で利用する場合であって、当該保有個人情報を利用することについて相当な理由のあるとき。

(4) 町の機関、国の機関、他の地方公共団体、独立行政法人等又は地方独立行政法人に保有個人情報を提供する場合において、保有個人情報の提供を受ける者が、法令等の定める事務又は業務の遂行に必要な限度で提供に係る個人情報を利用し、かつ、当該個人情報を利用することについて相当な理由のあるとき。

(5) 専ら統計の作成又は学術研究の目的のために保有個人情報を提供するとき。

(6) 保有個人情報を提供することが明らかに本人の利益になるとき。

(7) 前各号に掲げる場合のほか、琴平町個人情報保護対策審議会の意見を聴いた上で、保有個人情報を提供することについて特別の理由があると実施機関が認めるとき。

個人情報保護条例とは異なる内容を自主規制型防犯カメラ要綱で定めることも、同じ自治体における規範であれば、その調整をすることも従前は可能でした。しかし、改正個人情報保護法が適用される令和５年４月１日以後は、画像個人情報も含め自治体が保有する全ての個人情報が改正個人情報保護法の定めるところにより取り扱われます。そのため、自主規制型防犯カメラ要綱において、画像個人情報に関し、改正個人情報保護法とは異なる定めをすることができるかどうかが問題になります。この点については、自主規制型防犯カメラ条例においても同様の問題があるので、次章の解説に譲ります。

第5章　自主規制型防犯カメラ条例

第1　自主規制型防犯カメラ条例と根拠規範

自主規制型防犯カメラ条例は、自主規制型防犯カメラ要綱と同じく、自治体が設置・運用する防犯カメラの適正運用のための自主規制を定め、住民のプライバシーに配慮しつつ、地域における防犯や犯罪の早期解決による安全安心なまちづくりを推進することを目的とするものです。本章では、自主規制型防犯カメラ条例の課題について検討するとともに、全国の自主規制型防犯カメラ条例を概観し、その特徴について解説します。

まず、課題について考えてみましょう。自主規制型防犯カメラ条例は、根拠規範の有無の観点から、次の二つの種類に分類することができます。すなわち、①特に条例上の設置・運用の根拠についての定めが置かれなくとも自治体は防犯カメラを設置・運用しうるとの理解をもとに、その設置・運用についての自主規制を定めるタイプと、②自治体が防犯カメラを設置・運用することそれ自体に条例上の根拠が必要であるとして、「市長は、公共の場所に防犯カメラを設置することができる」といった防犯カメラの設置・運用の根拠規定を置くタイプです。

自主規制型防犯カメラ条例の多くは、①のタイプです。このタイプでは、次の八街市防犯カメラ条例や富士河口湖町防犯カメラ条例のように、「公共の場所にカメラを設置することができる」といった防犯カメラの設置についての根拠となる規定はありません。このうち、八街市防犯カメラ条例4条では、比例原則に沿って、防犯カメラの設置台数は、防犯対象区域ごとに必要最小限の台数とすること、防犯カメラの撮影範囲は防犯対象区域の中に収まるよう必要最小限の撮影範囲となるように調整すること、といった自主規制についての定めが中心となっています。

八街市防犯カメラの設置及び運用に関する条例

（設置に係る遵守事項）

第４条　市は、防犯カメラの設置に当たっては、次の各号に掲げる事項を遵守しなければならない。

⑴　防犯カメラの設置台数は、防犯対象区域ごとに必要最小限の台数とすること。

⑵　防犯カメラの撮影範囲は、防犯対象区域の中に収まるよう、必要最小限の撮影範囲となるように調整すること。

2　防犯カメラの設置場所には、次の各号に掲げる事項を掲示しなければならない。

⑴　管理責任者の職名及び連絡先

⑵　防犯カメラが作動中である旨

八街市防犯カメラ条例

八街市は、千葉県北部のほぼ中央に位置し、千葉市に隣接する人口約７万人、面積74.87㎢の都市で、都市近郊型農業を基幹産業としています。同市では、平成18年から、ひったくり対策のため、JR八街駅の自由通路に防犯カメラを設置していました。平成22年、駅から帰宅中の若い女性を狙ったひったくり事件が年間20件を超えるに至り、JR八街駅の自由通路以外の公共空間にも防犯カメラが設置されました。この設置に伴い、防犯カメラ条例が制定されたのです。

富士河口湖町防犯カメラの設置及び維持管理条例

（設置及び利用基準）

第４条　防犯カメラの設置等を行う場合は、次の各号の基準に適合していなければならない。

⑴　犯罪の予防や抑止及び治安維持に資するものであること。

⑵　道路や駐車場、公園及び文教施設等の公共的場所であること。

⑶　防犯カメラの管理責任者及び管理従事者を置くこと。

⑷　画像の保存方法及び保存期間を規定すること。

⑸　苦情処理の手続方法を規定すること。

富士河口湖町防犯カメラ条例

富士河口湖町は、富士山の北麓に位置し、富士五湖のうちの４つの湖と青木ヶ原樹海、富士ヶ峯高原など日本屈指の景勝を有する地域内にあります。平成15年、足和田村、勝山村、河口湖町の合併により富士河口湖町となり、その後、上九一色村の一部を編入し、人口約２万5000人、面積158.51㎢の現在の富士河口湖町が誕生しました。

富士河口湖町では、河口湖を訪れていた台湾の女子学生が殺害されるといった重大な犯罪が発生し、また、日常においても、車上荒らし、違法改造車に乗った若者による深夜の集まりなどが頻繁にあることから住民や警察からの設置要請が何度もありました。町は、こうした住民らの要請を受け、住民や観光客の安全安心確保を目的に湖畔にある旅館や土産物屋が建ち並ぶ同町船津の県営駐車場に防犯カメラを設置しました[1]。この設置に伴い、防犯カメラ条例が制定されたのです。

他方で、八街市防犯カメラ条例や富士河口湖町防犯カメラ条例とは異なり、伊丹市防犯カメラ条例、加古川市防犯カメラ条例、豊見城市防犯カメラ条例、神戸市防犯カメラ条例のように防犯カメラの設置・運用の根拠を置くものも近年登場しています。

伊丹市安全安心のまちづくりのためのカメラの設置に関する条例

（カメラの設置）

第３条　**市長は**、犯罪の抑止、災害への早期対応その他市民の生活の安全の確保を目的として、**公共の場所にカメラを設置することができる。**

伊丹市防犯カメラ条例

伊丹市は、兵庫県南東部に位置する人口約20万人、面積25㎢の都市です。同市は、「日本一安全・安心なまち」を政策に掲げ、市内には、950

---

(1)　富士河口湖町に隣接する鳴沢村でも、車上荒らしが多いことから、平成17年に、富士河口湖町の条例とほぼ同内容の鳴沢村防犯カメラの設置及び維持管理条例（平成17年条例第14号）が制定されている。

台の安全・安心見守りカメラと50台の防災カメラ(2)が設置され(3)、カメラのネットワーク化をはじめ、徘徊高齢者の位置情報を家族のスマートフォンのアプリに通知するシステムを全国に先駆けて導入するなど、IT機器による安全・安心なまちづくりを積極的に推進しています。

加古川市見守りカメラの設置及び運用に関する条例
（見守りカメラの設置） **第３条　市は**、犯罪の抑止、事件等の早期解決その他市民生活の安全の確保を目的として、**見守りカメラを設置し、撮影する。**

加古川市防犯カメラ条例

加古川市は、兵庫県南西部に位置し、人口約27万人、面積138.48㎢の都市です。同市は、平成27年の市における人口１万人当たりの街頭犯罪・侵入犯罪の認知件数が県内自治体でワースト３位であったことから、また、過去には痛ましい事件が発生するなどしたため、犯罪の抑止、事件等の早期解決その他市民の安全の確保を図り、もって安全で安心なまちづくりを推進するために見守りカメラの設置・運用を行っています。

平成29年度は通学路や学校周辺を中心に900台の見守りカメラが、また、平成30年度は新たに公園や駐輪場周辺、主要道路の交差点などを中心に575台の見守りカメラが設置されました。これらの設置に伴い制定されたのが加古川市防犯カメラ条例です。

初期投資の費用は４億3000万円で、年間の維持コストは6000万円となっています。各見守りカメラは専用の回線によりネットワーク化され、各カメラに付属する記録媒体に録画された画像データを市庁舎などの遠隔地で職員がダウンロードすることができます。また、各見守りカメラ付近でもWi-Fiを利用して、ダウンロードすることも可能です。ただし、モニターを使ってリアルタイムでカメラ画像を確認することはできないシステムになっています。

---

(2)　防災カメラの画像はインターネット上で公開されている。

(3)　カメラの多くは、関西電力の電柱に設置されており、電柱の使用等について所定の使用料が支払われている。

豊見城市安全安心のまちづくりのための防犯カメラの設置に関する条例

（防犯カメラの設置）

第３条 **設置者は**、犯罪の予防及び抑止その他の安全安心なまちづくりの確保を目的として、**公共の場所に防犯カメラを設置することができる。**

神戸市安全で安心なまちづくりに資する防犯カメラの設置及び運用に関する条例

（防犯カメラの設置及び運用）

第３条 **市長は**、子供や女性を対象とした犯罪の予防及び解決その他市民生活の安全の確保を図るため、道路等に**防犯カメラを設置し、撮影し、及び録画すること**（次項第５号において「設置等」という。）**ができる。**

防犯カメラの設置・運用の根拠となる規定を置いていないのは、そもそも、設置に関してはプライバシー権を制限するものではないため根拠規範を必要としない、あるいは、規制規範をもって根拠規範を兼ねることができると解されているからではないでしょうか。しかしながら、**規制規範と根拠規範はその性格を異にするものであり**、規制規範をもって根拠規範を兼ねると解することは適切ではありません。このため、前記の八街市防犯カメラ条例４条や富士河口湖町防犯カメラ条例４条などの規制規範の存在だけでは十分とはいえず、「市長は、公共の場所にカメラを設置することができる」といった防犯カメラの設置・運用についての根拠規定を置くことが適切です。この点、伊丹市、加古川市、豊見城市、神戸市は、法律による行政の原理に忠実な立法政策を展開しているといえます。

第２　自主規制型防犯カメラ条例と改正個人情報保護法

１　画像個人情報と改正個人情報保護法

自主規制型防犯カメラ条例において、画像個人情報は、①個人の人格の象徴に関わるものであり、かつ、アイデンティティーの中核的部分を構成するものであること、②犯罪捜査における守秘性保持の必要性があることなどを理由に、一般の個人情報とは異なる厳格な取扱いがなされてきました。

前述のとおり、これまで画像個人情報の取扱いについては各自治体の個人情報保護条例が適用されてきたので、同条例と異なる内容を防犯カメラ条例で定めることに問題はありませんでした。しかし、令和5年4月1日以後は、画像個人情報も含め自治体が保有する全ての個人情報を改正個人情報保護法の定めるところにより取り扱わなければなりません。そこで、自主規制型防犯カメラ条例において、画像個人情報に関し、改正個人情報保護法とは異なる定めをすることができるかどうかが問題となります。この問題を考えるうえで、まずは、法律と条例との関係を理解しておく必要があります。

2 法律と条例との関係

(1) 条例の意義

最高裁は、条例について、「憲法が特に民主主義政治組織の欠くべからざる構成として保障する地方自治の本旨に基き、直接憲法94条により法律の範囲内において制定する権能を認められた自治立法」であるとします[4]。つまり、条例は、直接憲法に根拠を有する法律に匹敵する地域の民主的ルールであるとしているのです。

地域の自主立法としての条例は、法律の授権を必要としません。ただし、自主立法といえども国法秩序の一部ですから、法律の範囲内でしか制定することはできません（憲法94条）。なお、自治法14条1項は、法令に違反、抵触しない限りにおいて、地域における事務に関し、条例を制定できると定めていますが、憲法94条にいう「法律」は、「法令」と同義であると解されています。

まず、条例の対象事項は、自治法2条2項の事務に関するものに限

(4) 最大判昭和29・11・24刑集8巻11号1866頁。

られます（同法14条１項）。同法２条２項の事務とは、地域における事務およびその他の事務で法律またはこれに基づく政令により処理することとされるものです。このうち、地域における事務について、自治法は具体的に規定しているわけではありませんが、地域住民の福祉増進のために行う事業全てを指していると解されます。住民票の写しの交付など法律によってその事務内容が定められている法定自治事務だけではなく、地域の安全安心を推進する事務、印鑑証明の事務、情報公開の事務のように法律に定められていない法定外自治事務も含まれます。また、戸籍に関わる事務、生活保護に関わる事務などの法定受託事務（自治法２条９項）も、自治事務ではありませんが、地域における事務として、条例の対象とすることができます。

他方、法令で国の事務とされているものや司法制度、安全保障に関わる事務は、その性質上、国の専権事項として処理されるべき事務であり、地域における事務ではありません。

次に、「法令に違反する」とは具体的にどのようなことなのでしょうか。違反するとは、**法令の趣旨に反する**ということです。法令の趣旨に反するか否かは、条例に対する**効力規定**[5]あるいは**解釈規定**[6]があれば、それらの定めるところにより判断することになります。

他方、法令に条例との関係について効力規定も解釈規定もない場合はどうでしょうか。かつては、法令が明示的にまたは黙示的に対象としている事項については、法令の明示的委任なしに条例を制定し得な

---

(5) 効力規定の例として、売春防止法附則４項の規定がある。同項は、「地方公共団体の条例の規定で、売春又は売春の相手方となる行為その他売春に関する行為を処罰する旨を定めているものは、第２章の規定の施行と同時に、その効力を失うものとする」と定め、売春防止法の施行とともに、売春防止について定める条例を無効とするものである。

(6) 解釈規定の例として、環境影響評価法61条がある。同条は、条例と同法との関係について、①第２種事業および対象事業以外の事業に係る環境影響評価その他の手続に関する事項、②第２種事業または対象事業に係る環境影響評価についての当該地方公共団体における手続に関する事項（同法の規定に反しないものに限る）については、条例で必要な規定を定めることを妨げるものではないと定める。

いという法律先占論という考え方が基本となっていました。このことは、条例のあとに法律が制定された場合も同様です。その意味で法律先占論ではなく、法律専占論とも称されます(7)。

こうした法律先占論は、有名な**徳島市公安条例事件最高裁判決**(8)により修正され、この修正された法律先占論が現在の実務における支配的見解となっています。以下、同判決の内容を確認しましょう。

⑵ 徳島市公安条例事件最高裁判決

徳島市公安条例事件とは、日本労働組合総評議会（総評）の専従職員で、徳島県反戦青年委員会の幹事であったXが、昭和43年12月10日、同委員会主催のデモ行進に参加し、自ら蛇行行進をしたことが、所轄警察署が道路使用許可に付した「蛇行をするなど交通秩序を乱すおそれのある行為をしないこと」という条件に違反したとして道路交通法77条3項違反（道路使用許可条件違反）で、また、Xが参加者をして蛇行行進をするよう煽動したことが、徳島市の集団行進及び集団示威運動に関する条例3条3号（交通秩序維持義務違反）に違反するとして起訴された事件です。

この事件では、道路や公共の広場における集会や示威運動を公安委員会の届出制とする徳島市の集団行進及び集団示威運動に関する条例（昭和27市条例第3号）(9)が道路交通法に違反し、抵触するかどうかが問題になりました。

最高裁は、法令と条例との抵触判断において、「条例が国の法令に違反するかどうかは、両者の対象事項と規定文言を対比するのみでなく、それぞれの趣旨、目的、内容及び効果を比較し、両者の間に

⑺ 阿部泰隆『行政法解釈学Ⅰ』（有斐閣、2008年）288頁。
⑻ 最大判昭和50・9・10刑集29巻8号489頁。
⑼ 本条例は、旧警察法のもとで旧徳島市公安委員会の所管事務として制定されたものである。その後、新警察法（昭和29年法律162号）が施行されたことにより旧徳島市公安委員会は廃止され、同委員会の事務とされていた事項は、徳島市または徳島県が条例で定めをするまでの間、徳島県警察の機関または職員の事務として処理されるものとされた（警察法施行令附則16項）。本件では、同令附則16項により、徳島県公安委員会へ行進の届出がなされている。

矛盾抵触があるかどうかによってこれを決しなければならない」としました。

このように、最高裁は、条例が法令の専占領域に踏み込めば、即、違法であるとはしませんでした。この点が従来の法律先占論とは大きく異なります。法令の専占領域内にあるかどうかの単純な形式的判断ではなく、法令の趣旨、目的、内容及び効果を比較して条例が法令に反していないかを決するべきであるとしたのです[10]。

最高裁はこうした法理を定立したうえで、次のような具体的判断の定式を示しました。すなわち、ある事項について国の法令中にこれを規制する明文の規定がない場合でも、「当該法令全体からみて、右規定の欠如が特に当該事項についていかなる規制をも施すことなく放置すべきものとする趣旨であると解されるときは、これについて規制を設ける条例の規定は国の法令に違反することとなりうるし、逆に、特定事項についてこれを規制する国の法令と条例とが併存する場合でも、後者が前者とは別の目的に基づく規制を意図するものであり、その適用によって前者の規定の意図する目的と効果をなんら阻害することがないときや、両者が同一の目的に出たものであっても、国の法令が必ずしもその規定によつて全国的に一律に同一内容の規制を施す趣旨ではなく、それぞれの普通地方公共団体において、その地方の実情に応じて、別段の規制を施すことを容認する趣旨であると解されるときは、国の法令と条例との間にはなんらの矛盾抵触はなく、条例が国の法令に違反する問題は生じえない」としたのです。

最高裁が示した具体的判断の定式をわかりやすく整理すると**図表5-1**のようになります。

⑽ 平成11年の自治法改正により、「地方公共団体に関する法令の規定は、地方自治の本旨に基づいて、かつ、国と地方公共団体との適切な役割分担を踏まえて、これを解釈し、及び運用するようにしなければならない」とする法解釈の原則（同法2条12項）が定められた。

図表5-1　法令と条例との抵触に関する判断の定式

法令と条例との規制対象および目的の異同		判断の定式
規制対象が競合しない場合		原則、抵触関係は生じない。ただし、いかなる規制をも施すことなく放置すべきものとする趣旨であると解されるときは、これについて規制を設ける条例の規定は、法令に違反する。
規制対象が競合する場合	目的が異なる。	原則、抵触関係は生じない。ただし、その適用によって法律の規定の意図する目的と効果を阻害する場合には、これについて規制を設ける条例の規定は、法令に違反する。
	目的が同じ。	国の法令が必ずしもその規定によって全国的に一律に同一内容の規制を施す趣旨ではなく、それぞれの自治体において、その地方の実情に応じて別段の規制を施すことを許容する趣旨であると解されるときには、法令に違反しない。

この最高裁判決の注目すべき点は、条例が法律と同一目的で、かつ同一事項について定める場合であっても、常に抵触関係が生ずるとはしていない点です。つまり、**当該法律が、地方の実情、すなわち、立法事実に応じて、別段の規制を施すことを許容する趣旨のものであれば、別段の規制である条例の規定を適用しても法令には違反しないとしたのです。**

立法事実

芦部信喜博士は、**立法事実**[11]について、「法律の立法目的および立法目的を達成する手段（規制手段）の合理性を裏づけ支える社会的・経済的・文化的な一般事実」と定義します[12]。そのうえで、「憲法訴訟において立法事実のもつもっとも重要な面は、この立法目的達成手段の合理性に関するものだといっても過言ではない」とし、立法目的達成のための手段における立法事実の重要性を強調しています[13]。

3　自主規制型防犯カメラ条例と改正個人情報保護法との適用関係

(1)　適用関係の基本

徳島市公安条例事件最高裁判決で示された判断の定式にしたがって、自主規制型防犯カメラ条例と改正個人情報保護法の各規定の適用関係について考えてみましょう。

まず、画像個人情報に関し、改正個人情報保護法に定めのない事項についてです。こうした事項について定める自主規制型防犯カメラ条例の規定は、自主規制型防犯カメラ条例の規定が適用されます。

次に、画像個人情報に関し、改正個人情報保護法が規律対象としている事項と同じ事項について競合して定める自主規制型防犯カメラ条例の規定の適用関係についてです。この点に関し、改正個人情報保護法108条は、保有個人情報の開示、訂正および利用の手続ならびに審査請求に関する事項について、改正個人情報保護法第5章第4節の趣旨に反しない限り、条例で必要な事項を定めることを妨げるものではないとしています。

---

(11)　条例立案における立法事実の重要性については、宇那木正寛『自治体政策立案入門』（ぎょうせい、2015年）160頁以下参照。

(12)　芦部＝高橋補訂・前掲第3章注(26)395頁。

(13)　芦部・前掲第3章注(15)183頁。

改正個人情報保護法

第108条 この節の規定は、地方公共団体が、保有個人情報の開示、訂正及び利用停止の手続並びに審査請求の手続に関する事項について、この節の規定に反しない限り、条例で必要な規定を定めることを妨げるものではない。

では、「保有個人情報の開示、訂正および利用の手続ならびに審査請求に関する事項」以外の事項についてはどうでしょうか。この点に関し、改正個人情報保護法５条は、地方公共団体の責務として、「地方公共団体は、この法律の趣旨にのっとり、国の施策との整合性に配慮しつつ、その地方公共団体の区域の特性に応じて(14)、地方公共団体の機関、地方独立行政法人及び当該区域内の事業者等による個人情報の適正な取扱を確保するために必要な施策を策定し、及びこれを実施する責務を負う」としています。

改正個人情報保護法

（地方公共団体の責務）

第５条 地方公共団体は、この法律の趣旨にのっとり、国の施策との整合性に配慮しつつ、その地方公共団体の区域の特性に応じて、**地方公共団体の機関、地方独立行政法人及び当該区域内の事業者等による個人情報の適正な取扱いを確保するために必要な施策を策定し、及びこれを実施する責務を有する。**

このことから、「保有個人情報の開示、訂正および利用の手続ならびに審査請求に関する事項」以外の事項についても、**改正個人情報保護法の趣旨に反しない限りにおいて**、地域の特性に応じて条例で同法

(14) 「区域の特性」とは、当該自治体の区域内の特性、すなわち、人口、個人情報取扱事業者の活動状況やプライバシー侵害事例の発生状況を含む社会的諸条件、住民意識等に関する特性をいう（宇賀克也『新・個人情報保護法の逐条解説』（有斐閣、2021年）128頁）。

の規定とは異なる定めをすることも許容されると解されます[15]。改正個人情報保護法108条の規定は、特に「保有個人情報の開示、訂正および利用の手続ならびに審査請求に関する事項」については、自治体独自の定めがなされることを想定し、確認的な意味で置かれた規定といえるでしょう。

ところで、今回の個人情報保護法改正の柱は、**個人情報の流通によるその利活用の推進**です。確かに、改正個人情報保護法における目的の最大の柱は「個人情報」の保護です。他方で、国のデジタル戦略の一環として、国民の権利を侵害しない範囲において個人情報の流通による利活用を通じて国民の利便性の向上や行政の効率化が強く求められるようになりました。こうした利活用の前提として、個人情報の流通や連携を全国レベルでスムーズにするための制度インフラの構築が必要となります。その一つとして、自治体が保有する個人情報の保護制度を国の機関の制度と共通化することになったわけです[16]。なお、民間部門が保有する個人情報と国や自治体などの行政機関が保有する個人情報では、その質、量ともに異なるため、一つの法律の中で定められたものの、別の扱いがなされています。

これまで個人情報の取扱いについては、各自治体が国の個人情報保護法に先行して、創意工夫を凝らして条例で定めてきました[17]。こうした手法は、個人情報の「保護」という面では、あまり問題にはならなかったのですが、「流通」による利活用という場面では支障が生じていたわけです。イメージとしては、次のようになります。すなわち、

⒂ 宇賀・前掲注⒁129頁参照。

⒃ 個人情報保護委員会『個人情報の保護に関する法律についてのガイドライン（行政機関等編）〔令和４年４月一部改正版〕』「11 条例との関係」参照。

⒄ この点について、宇賀克也教授は、「法律による統一的規則は、個別分野の特別な事情が認められる場合に行えば足りるのであり、個別分野ごとの立法事実の検討を経ることなく、自治体ごとに規律が異なるのは不便という抽象的な論理で個人情報保護条例を廃止することは、地方分権の流れに逆行することになるのみならず、自治体における個人情報保護を後退させ、失うものがあまりにも大きい」と批判する（宇賀克也「巻頭言 分権的個人情報保護制」自治実務セミナー694号（2020年）１頁）。

個人情報を電車にたとえるとわかりやすいのですが、これまでは、各自治体の条例によって軌道の幅が異なっていたため、個人情報という電車が国や自治体の間を自由に行き来することができませんでした。これを自由に行き来することが可能となるよう異なる軌道の幅を同じにするといったイメージです。

改正個人情報保護法の趣旨を以上のように理解すると、同法と異なる定めを条例ですることが許されるのは、**当該条例に定める事項が、少なくとも、個人情報の流通を前提とする利活用が妨げられない内容でなければなりません**[18]。ただし、個人情報の流通を前提とする利活用が妨げられない内容であっても、改正個人情報保護法の最大の目的は個人情報を保護することにありますから、個人情報の保護が改正個人情報保護法のレベルを下回る結果となるような場合には、改正個人情報保護法の趣旨に反することから、当該条例の規定は改正個人情報保護法との関係では無効になるので、適用することはできないということになります。

⑵　画像個人情報の適正管理

ここからは、画像個人情報の保護に関し、自主規制型防犯カメラ条例と改正個人情報保護法において競合が生ずることが想定される、画像個人情報の、①適正管理、②第三者提供の制限、③自己情報の開示請求、について、現行の自主規制型防犯カメラ条例を例に適用関係について考えてみましょう。

⒅　個人情報保護委員会・前掲注⒃「11 条例との関係」は、「個人情報保護やデータ流通について直接影響を与えるような事項であって、法の委任規定が置かれていないもの（例：オンライン結合に特別の制限を設ける規定、個人情報の取得を本人からの直接取得に限定する規定）について、条例で独自の規定を設けることは許容されない」とする。また、併せて、「法と重複する内容の規定を条例で定めることは、同一の取扱いについて運用されるべき規定が法と条例とに重複して存在することとなるため、法の解釈運用を委員会が一元的に担うとして令和３年改正法の趣旨に照らし、許容されない」とする。他方で、「単なる内部の手続に関する規律にすぎない事項など、個人情報保護やデータ流通に直接影響を与えない事項については、条例で独自の規定を置くことも考えられる」とする。

まず、画像個人情報の適正管理についてです。防犯カメラの設置・運用により収集した画像個人情報の管理については、画像個人情報が個人の人格を象徴するものであり、かつ、個人のアイデンティティーの中核であることを理由に、防犯カメラ条例で厳格な管理について定めることができるかどうかが問題になります。

たとえば、八街市防犯カメラ条例12条は、画像個人情報の管理について、①記録媒体および防犯カメラ本体以外の機器は、施錠できる事務室内またはセキュリティの確保できる設備等に保管するとともに、常にその状況を点検すること、②記録媒体および全ての機器を廃棄する際は、粉砕処分等確実に画像データの読み出しが不可能となる方法により行うこと、③管理責任者等は、原則、画像データを加工してはならないことなどを定めています（**図表5-2**）。

これらの内容は、行政機関の長等に対し、保有個人情報の漏えい、滅失または毀損の防止その他の保有個人情報の安全管理のために必要かつ適切な措置を講じなければならないとする改正個人情報保護法66条1項の趣旨に沿ったものです。

図表5-2　適正管理における比較（八街市）

八街市防犯カメラ条例	改正個人情報保護法
（画像データの適正管理） **第12条**　管理責任者等は、漏えい、紛失又はき損の防止その他の画像データの安全管理を確保するため、次の各号に掲げる措置を講じなければならない。 (1)　画像データを記録した媒体及び防犯カメラ本体以外の機器は、施錠できる事務室内等又はセキュリティの確保できる設備等に保管するとともに、常にその状況を点検すること。 (2)　画像データを記録した媒体及び全ての機器を廃棄する際は、粉砕	（安全管理措置） **第66条**　行政機関の長等は、保有個人情報の漏えい、滅失又は毀損の防止その他の保有個人情報の安全管理のために必要かつ適切な措置を講じなければならない。 2　前項の規定は、次の各号に掲げる者が当該各号に定める業務を行う場合における個人情報の取扱いについて準用する。 (1)　行政機関等から個人情報の取扱いの委託を受けた者　当該委託を受けた業務 (2)　指定管理者（地方自治法（昭和

八街市防犯カメラ条例	改正個人情報保護法
処分等確実に画像データの読み出しが不可能となる方法により行うこと。 2　管理責任者等は、画像データを加工してはならない。ただし、適法な請求により画像データを開示、目的外利用及び外部提供する場合において、当該画像データ中の必要としない個人等の画像を隠す等のため必要があるときは、この限りでない。	22年法律第67号）第244条の2第3項に規定する指定管理者をいう。）公の施設（同法第244条第1項に規定する公の施設をいう。）の管理の業務 (3)　第58条第1項各号に掲げる者　法令に基づき行う業務であって政令で定めるもの (4)　第58条第2項各号に掲げる者　同項各号に定める業務のうち法令に基づき行う業務であって政令で定めるもの (5)　前各号に掲げる者から当該各号に定める業務の委託（2以上の段階にわたる委託を含む。）を受けた者　当該委託を受けた業務

このように、八街市防犯カメラ条例12条に定める内容は、改正個人情報保護法66条1項の定めるところにより、画像個人情報が重要なプライバシー情報であるという特性に配慮し、安全管理措置の内容を明確かつ厳格化し、その保護レベルを高めるものであると解することができます。

こうした規定は、改正個人情報保護法の保護レベルを下げるものではなく、また、行政機関の内部の定めにすぎず、流通による個人情報の利活用に支障を及ぼすものではありません。よって八街市防犯カメラ条例12条は、改正個人情報保護法に反しないので、同条が適用されます。

また、自主規制型防犯カメラ条例の中には、収集した画像個人情報の特性に配慮し、改正個人情報保護法に定めのない保管期間について、これを14日とし、その後速やかに消去すべきとする規定が置かれている次のような例があります。

八街市防犯カメラの設置及び運用に関する条例

（画像データの保存期間）

第7条 画像データの保存期間は、次の各号に掲げる場合を除き、当該画像データ作成の翌日から起算して14日以内とし、当該期間終了後は速やかに消去するものとする。

⑴ 法令等に基づく場合

⑵ 犯罪捜査の目的により保存の要請を受けた場合

こうした八街市防犯カメラ条例７条に定める内容も、同条例12条と同様に、改正個人情報保護法66条１項の定めるところにより、画像個人情報の特性に配慮し、画像個人情報の安全管理措置の内容を具体的に定めるものと解することができます。

以上、改正個人情報保護法66条１項の定めるところにより、安全管理措置の内容を具体化する八街市防犯カメラ条例７条や12条のような規定は、個人情報の保護レベルを下げるものではなく、また、内部的な定めにすぎず、流通を前提とする個人情報の利活用に支障を及ぼすものでもありません。よって、画像個人情報の適正管理について定める条例の規定は、これを適用することができます。

⑶ 画像個人情報の第三者提供の制限

画像個人情報が犯罪防止や現実に起こった犯罪の早期解決を目的に収集されたものであることなどを理由として、犯罪捜査における守秘性保持の観点から、画像個人情報の**第三者提供の制限**に関し、改正個人情報保護法69条とは異なる内容を定めることに問題はないのでしょうか。加古川市防犯カメラ条例７条を例に適用関係について考えてみましょう（**図表5-3**）。

図表５-３　第三者提供制限における比較（加古川市）

加古川市防犯カメラ条例	改正個人情報保護法
（外部提供の制限） **第７条**　市長は、画像データについて実施機関以外のものへの提供（以下「外部提供」という。）をしてはならない。ただし、次の各号のいずれかに該当するときは、この限りでない。 (1)　法令又は法令の規定による指示があるとき。 (2)　市民等の生命、身体又は財産の保護のため、緊急かつやむを得ないと認めるとき。 (3)　捜査機関から犯罪捜査を目的とした要請を受けたとき。 〈２項略〉	（利用及び提供の制限） **第69条**　行政機関の長等は、法令に基づく場合を除き、利用目的以外の目的のために保有個人情報を自ら利用し、又は提供してはならない。 ２　前項の規定にかかわらず、行政機関の長等は、次の各号のいずれかに該当すると認めるときは、利用目的以外の目的のために保有個人情報を自ら利用し、又は提供することができる。ただし、保有個人情報を利用目的以外の目的のために自ら利用し、又は提供することによって、本人又は第三者の権利利益を不当に侵害するおそれがあると認められるときは、この限りでない。 (1)　本人の同意があるとき、又は本人に提供するとき。 (2)　行政機関等が法令の定める所掌事務又は業務の遂行に必要な限度で保有個人情報を内部で利用する場合であって、当該保有個人情報を利用することについて相当の理由があるとき。 (3)　他の行政機関、独立行政法人等、地方公共団体の機関又は地方独立行政法人に保有個人情報を提供する場合において、保有個人情報の提供を受ける者が、法令の定める事務又は業務の遂行に必要な限度で提供に係る個人情報を利用し、かつ、当該個人情報を利用することについて相当の理由があるとき。 (4)　前３号に掲げる場合のほか、専ら統計の作成又は学術研究の目的のために保有個人情報を提供するとき、本人以外の者に提供すること

加古川市防犯カメラ条例	改正個人情報保護法
	が明らかに本人の利益になるとき、その他保有個人情報を提供することについて特別の理由があるとき。 〈3項、4項略〉

加古川市防犯カメラ条例は、同条例の目的達成のために、第三者提供をしうる場合について、①法令または法令の規定による指示があるとき、②市民等の生命、身体または財産の保護のため、緊急かつやむを得ないと認めるとき、③捜査機関から犯罪捜査を目的とした要請を受けたとき、と定めており、改正個人情報保護法に定めるものとは異なっています。

ところで、改正個人情報保護法は、デジタルトランスフォーメーションを担う新たな社会インフラとして位置づけられ、自治体間の異なる個人情報保護のルールを国の行政機関のルールも含めて全国的に共通のものとしたうえで、その流通と個人情報の活用を円滑化することにより国民生活の向上を図るという目的を有しています。したがって、同法69条に定める第三者提供についても、これと異なる規定を条例で定めることは、ルールの共通化という改正個人情報保護法の趣旨に沿うものとはいえないと解されます。

よって、加古川市防犯カメラ条例7条1項のように改正個人情報保護法とは異なる第三者提供の制限について定める条例の規定は適用できないことになります。

もっとも、加古川市防犯カメラ条例7条1項1号のように第三者提供が可能な事由として、「法令又は法令の規定による指示があるとき」を規定しているような条例であれば、実質的に第三者提供できる事由については、改正個人情報保護法69条2項とほぼ重なることになります。

⑷ 自己の画像個人情報の開示請求

最後に、自己の画像個人情報の開示請求についてです。自己の画像個人情報に係る開示請求については、犯罪捜査の観点から本人が自己の画像を確認することは適切ではないなどの理由により自己情報の開示請求を認めない規定が置かれている防犯カメラ条例があります。こうした規定は、有効なのでしょうか。加古川市防犯カメラ条例8条を例に適用関係を考えてみましょう（**図表5-4**）。

図表5-4　自己情報の開示請求における比較（加古川市）

加古川市防犯カメラ条例	改正個人情報保護法
（画像データの不開示） **第8条**　市長は、画像データの開示を求められたときは、当該画像データを**開示しないものとする。**	（開示請求権） **第76条**　何人も、この法律の定めるところにより、行政機関の長等に対し、当該行政機関の長等の属する行政機関等の保有する自己を本人とする**保有個人情報の開示を請求することができる。** 〈２項略〉

こうした防犯カメラ条例の規定は、改正個人情報保護法76条に定める開示請求権、すなわち、**自治体が保有する当該自己情報に対するアクセス権を否定する**結果となってしまいます。また、改正個人情報保護法が、地域の実情に応じて、保護レベルの低下を許容しているとも解されません。よって、自己情報の開示請求に対して一律拒否の規定を自主規制型防犯カメラ条例に置いたとしても、当該規定は、改正個人情報保護法の趣旨に反する結果、適用されないことになります。

また、次の川越町防犯カメラ条例6条のように自己の画像個人情報の開示の求めに対する応答を単なる努力義務にとどめるものがあります（**図表5-5**）。

図表5-5　自己情報の開示請求における比較（川越町）

川越町防犯カメラ条例	改正個人情報保護法
（個人情報画像の開示） **第6条**　町は、本人から自己の個人情報画像の開示を求められたときは、本人に対し、**当該画像データを開示するように努めなければならない。**	（開示請求権） **第76条**　何人も、この法律の定めるところにより、行政機関の長等に対し、当該行政機関の長等の属する行政機関等の保有する自己を本人とする**保有個人情報の開示を請求することができる。** 〈２項略〉

こうした努力義務にとどまる条例の規定は同様に改正個人情報保護法に定める開示請求権の否定につながりかねません。また、改正個人情報保護法がこうした努力義務にとどめることを地域の実情に応じて、許容しているとも考えられません。

よって、開示請求を努力義務にとどめる規定を自主規制型防犯カメラ条例に定めても、当該規定は、改正個人情報保護法の趣旨に反する結果、適用することはできないと解されます。

なお、改正個人情報保護法では、各自治体の情報公開条例に定める非開示事由との整合性を確保するため、条例により自己情報の開示請求における非開示事由を新たに加えることは、認められています（同法78条2項）。

改正個人情報保護法

（保有個人情報の開示義務）

第78条　行政機関の長等は、開示請求があったときは、開示請求に係る保有個人情報に次の各号に掲げる情報（以下この節において「不開示情報」という。）のいずれかが含まれている場合を除き、開示請求者に対し、当該保有個人情報を開示しなければならない。

〈1号から7号まで略〉

2　地方公共団体の機関又は地方独立行政法人についての前項の規定の適用については、同項中「掲げる情報（」とあるのは、「掲げる情報（情報公開条例の規定により開示することとされている情報として条例で定めるものを除く。）又は**行政機関情報公開法第五条に規定する不開示情報に準ずる情報であって情報公開条例において開示しないこととされているもののうち当該情報公開条例との整合性を確保するために不開示とする必要があるものとして条例で定めるもの**（」とする。

4　個人情報保護に関する条例を定めた場合の届出

自治体の長は、改正個人情報保護法の定めるところにより、個人情報の保護に関する条例を定めたときは、遅滞なく、その旨およびその内容を委員会に届け出なければなりません（同法167条1項）。

改正個人情報保護法

（条例を定めたときの届出）

第167条 地方公共団体の長は、**この法律の規定に基づき個人情報の保護に関する条例を定めたときは、遅滞なく、個人情報保護委員会規則で定めるところにより、その旨及びその内容を委員会に届け出なければならない。**

2 委員会は、前項の規定による届出があったときは、当該届出に係る事項をインターネットの利用その他適切な方法により公表しなければならない。

3 前2項の規定は、第1項の規定による届出に係る事項の変更について準用する。

こうした届出制度は、改正個人情報保護法における「行政相互のデータ利活用」という目的を担保するためのものといえます。届出対象となる条例は、改正個人情報保護法において「条例で定めることを妨げるものではない」とされているものだけではなく独自の事項を定める条例も含むとされています[19]。

届出が必要な条例か否かは、当該条例の名称等の形式的事項ではなく、当該条例の各規定について、法の趣旨・目的に照らして実質的に判断されるのですが、こうした条例を定めるに当っては、個人情報保護委員会に事前に連絡することが望ましいとされています[20]。

なお、防犯カメラ条例には、個人情報の保護に関わる内容を定めるものでもあることから、その制定や改正に当たって、個人情報保護委員会に対し改正個人情報保護法116条1項の定めるところにより、必要な情報の提供や助言を求めることができます。

改正個人情報保護法

（地方公共団体による必要な情報の提供等の求め）

第166条 地方公共団体は、地方公共団体の機関、地方独立行政法人及び事業者等による個人情報の適正な取扱いを確保するために必要があると認

(19) 個人情報保護委員会・前掲注(16)「10－5 条例の届出」。
(20) 個人情報保護委員会・前掲注(16)「10－5 条例の届出」。

めるときは、**委員会に対し、必要な情報の提供又は技術的な助言を求めることができる。**
2　委員会は、前項の規定による求めがあったときは、必要な情報の提供又は技術的な助言を行うものとする。

第3　自主規制型防犯カメラ条例の主要規定

1　基本原則

本章では、これまで自主規制型防犯カメラ条例における根拠規定の問題、改正個人情報保護法との関係について解説してきました。そこで、以下、これらに関連する規定以外の主要規定について、現行の自主規制型防犯カメラ条例を例に解説します。

自主規制型防犯カメラ条例の中には、次の加古川市防犯カメラ条例のように、防犯カメラの設置・運用の基本原則を定めるものがあります。この基本原則は、目的規定とともに**条例の運用上疑義が生じた場合に解釈の指針**となる大変重要な規定です。

加古川市見守りカメラの設置及び運用に関する条例

（基本原則）
第4条　市長は、見守りカメラをその有効性が最大限に発揮されるように設置しなければならない。
2　市長は、安全で安心なまちづくりを推進するため、見守りカメラの設置及び運用に当たっては、関係する団体又は機関との連携を図るものとする。
3　市長は、市民等がその容貌及び姿態をみだりに撮影されない自由を有することに鑑み、見守りカメラの設置及び運用に当たっては、十分な配慮をしなければならない。
4　市長は、見守りカメラの設置目的を効果的に達成する観点から、一定の期間ごとにその設置場所等を見直さなければならない。

2 管理者等の設置

自主規制型防犯カメラ条例においては、次の八街市防犯カメラ条例8条のように、防犯カメラ設置・運用の管理責任の所在を明らかにするため、管理責任者（防犯カメラの運営や画像個人情報の処理等について意思決定をする者）および防犯カメラの取扱者（管理責任者の指示に基づいて現実の防犯カメラの操作や画像個人情報の保管、処分等を行う者）の設置義務などが定められています。

画像個人情報は、一般の個人情報とは異なり、個人の人格に由来するものであり、かつ、個人のアイデンティティーの中核の一部を構成するものであることから、特に慎重な管理が必要になります。そのため、管理者を明確にすることはもちろんのことですが、一定程度のデジタル技術についての知識を有する者を取扱者として配置することが大切になります。

八街市防犯カメラの設置及び運用に関する条例

（管理責任者）

第8条 設置した防犯カメラを適正に管理するため、防犯対象区域ごとに管理責任者を置く。

（取扱者の指定）

第9条 管理責任者は、防犯カメラ及び画像データの管理を行わせるため、あらかじめ取扱者を指定する。

2 前項の規定により指定された取扱者以外のものは、防犯カメラ及び画像データを取り扱うことができない。

（管理責任者等の責務）

第10条 管理責任者及び取扱者（以下「管理責任者等」という。）は、法令並びに八街市個人情報保護条例及びこの条例に基づき、防犯カメラの適正な運用に努めなければならない。

2 管理責任者等は、防犯カメラにより知り得た情報を第三者に提供し、又は不当な目的に利用してはならない。その職を退いた後も、また、同様とする。

3 管理責任者等は、防犯カメラの設置及び運用並びに画像データの取扱いに関して苦情があったときは、適正かつ迅速に処理するよう努めなければならない。

なお、画像個人情報の管理者および取扱者を設置することは、改正個人情報保護法66条に定める安全措置の内容と重なる部分はありますが、これらの事項は、画像個人情報の行政機関内部の管理に関する定めにすぎないことから、改正個人情報保護法の趣旨に反せず、条例で定めることに問題はありません。

3　設置場所等の公表

プライバシー保護の観点から、次の八街市防犯カメラ条例５条および同条例施行規則３条にみられるように、撮影回避のための機会を確保するため、防犯カメラの設置場所などをあらかじめ住民に周知することを義務づける規定を置く条例があります。

防犯カメラの設置場所については、防犯上の観点から明らかにすべきではないとの考え方もあります。しかし、そもそも犯罪の抑止を期待して防犯カメラを設置するのであれば、設置場所を明確にするほうが、抑止効果は大きいはずです。

八街市防犯カメラの設置及び運用に関する条例

（公示）

第５条　市長は、防犯カメラを設置するときは、事前に規則で定める事項について公示する。

八街市防犯カメラの設置及び運用に関する条例施行規則

（公示）

第３条　条例第５条の規定による公示は、防犯カメラを設置し、撮影を開始する日の30日前までに次の各号に掲げる事項について行うものとする。

(1)　防犯カメラの設置場所

(2) 防犯カメラで撮影する区域
(3) 管理責任者の職名
(4) 防犯カメラにより撮影を開始する日

また、防犯カメラシステムが、**スタンド・アローン方式**[21]ではなく、光ケーブルなどによりネットワーク化されている場合、あるいは**顔認証システム**[22]や**歩行認証システム**[23]に対応可能なビデオカメラシステムが導入される場合には、そういったシステム内容についても、あらかじめ公表対象とすることが適切です。

4 比例原則

防犯カメラ設置・運用に伴うプライバシー権の制限については、その目的を達成するうえでできる限り必要最小限とするように、自主規制の内容が防犯カメラ条例で定められている例があります。

次の八街市防犯カメラ条例4条では、防犯カメラの設置・運用について、まず、防犯対象区域を定め、比例原則の観点から当該区域における台数および当該台数の撮影対象範囲が最小限度となるように調整することが求められています。

---

(21) スタンド・アローン方式とは、カメラ本体とその録画装置がセットとなって単体で設置されているものをいい、現在、自治体が設置している防犯カメラシステムの多くがこの方式である。また、モニター装置はなく、画像個人情報の検索に当たっては、施錠されている録画装置があるボックスを開け、記録媒体を取り出しこれを行う。このため、リアルタイムで撮影内容を確認したり、遠隔地で録画内容を確認することはできない。

(22) 防犯カメラ等で撮影された人物の顔画像と別に取得した被疑者の顔画像とを照合し、両者が同一人物であるかどうかを識別するシステムをいう。

(23) サングラスやマスクによって顔が隠されていたり、撮影された顔が不鮮明な場合、個人の識別が困難な場合がある。このような場合に対応するため、身体、体型、歩容（歩幅、姿勢、腕の振り方等の歩行時の身体運動の様子）等の特徴を複合して個人の識別を可能とするシステムをいう。

八街市防犯カメラの設置及び運用に関する条例

（設置に係る遵守事項）

第4条　市は、防犯カメラの設置に当たっては、次の各号に掲げる事項を遵守しなければならない。

⑴　防犯カメラの設置台数は、防犯対象区域ごとに**必要最小限の台数**とすること。

⑵　防犯カメラの撮影範囲は、防犯対象区域の中に収まるよう、**必要最小限の撮影範囲**となるように調整すること。

八街市防犯カメラ条例は、自主規制型防犯カメラ条例としては先駆的かつ模範的なものですが、その条例原案の検討過程で、八街市個人情報保護審査会に対し、防犯カメラにより容貌・姿態に関する情報を収集することについて諮問しました。その結果、「防犯カメラの設置は、個人の身体の安全を守るという観点から必要であり問題はない。ただし、プライバシー権をはじめとする個人の権利の重要性もあるので、防犯カメラの設置・運用による規制は最小限度のものにすること」との答申が示されました。八街市では、この答申にしたがって、個人の容貌等に関する情報の収集は最小限の範囲で行うことについて条例で定められることになりました。

次の伊丹市防犯カメラ条例7条でも、撮影対象範囲を最小限とすることが定められています。

伊丹市安全安心のまちづくりのためのカメラの設置に関する条例

（遵守事項）

第7条　市長は、カメラの設置に当たっては、次に掲げる事項を遵守するものとする。

⑴　カメラの撮影対象領域を、その設置目的に照らし**必要最小限の範囲**とすること。

⑵　カメラの設置場所付近の見やすい場所に、カメラが作動中である旨を分かりやすく表示すること。

伊丹市防犯カメラ条例では、設置場所、台数等について地域の実情や住民の意見を反映させるため住民からの意見聴取の規定が置かれています。また、あわせて、地域の状況を反映させるための見直しの規定が設けられるなど防犯カメラの設置・運用を民主的コントロールのもとで行うための手法が取り入れられています。

伊丹市安全安心のまちづくりのためのカメラの設置に関する条例3条

2　市長は、前項の規定によりカメラ（災害への早期対応を目的として設置するものを除く。）を設置しようとするときは、その効果を高めるため、あらかじめカメラの設置目的、設置場所、設置台数等について、関係地域の住民の意見を聴くものとする。カメラの設置場所を変更しようとするときも、同様とする。

伊丹市安全安心のまちづくりのためのカメラの設置に関する条例

（設置場所等の見直し）

第5条　市長は、一定の期間ごとに、カメラの設置目的が効果的に達成されているかどうかの観点から、その設置場所等について見直さなければならない。

5　運用状況の公表

自治体の説明責任を果たす観点から、次の伊丹市防犯カメラ条例9条のように外部提供先ならびにその理由および件数その他関連する事項についての公表規定が置かれる例があります。

伊丹市安全安心のまちづくりのためのカメラの設置に関する条例

（運用状況の公表）

第9条　市長は、毎年度、画像データの提供について、提供した件数及びその目的並びに提供先を取りまとめ、公表するものとする。

ここで、**説明責任**について確認しておきましょう。行政法における最重要原理は、法律による行政の原理ですが、それ以外に、これまでに解説してきた比例原則など、行政法全体に通ずる一般原則があります。こうした原則の一つに説明責任があります。説明責任とは、行政が主権者たる国民に対し、行政運営に関する情報を提供する責任を有するとするもので、国民主権の原理から要請されるものです。

なお、行政機関の保有する情報の公開に関する法律１条では、「国民主権の理念にのっとり、行政文書の開示を請求する権利につき定めること等により、行政機関の保有する情報の一層の公開を図り、もって政府の有するその諸活動を国民に説明する責務が全うされるようにするとともに、国民の的確な理解と批判の下にある公正で民主的な行政の推進に資することを目的とする」と定め、情報公開制度が説明責任を果たす手段のひとつであることが宣言されています。

6　苦情処理制度

防犯カメラの運用について住民からの苦情に対処するため、次の豊見城市防犯カメラ条例８条の例のように**苦情処理制度**について定めるものがあります。

自治体が設置する防犯カメラの運用により生ずる住民の不安を解消するために、設置者に対する住民のアクセス権を保障するものです。

豊見城市安全安心のまちづくりのための防犯カメラの設置に関する条例

（苦情の申出）

第８条　市民等は、防犯カメラの設置及び利用並びに画像の取扱いに関し苦情があるときは、その旨を設置者に申し出ることができる。

なお、改正個人情報保護法128条は、個人情報等の取扱いに対する苦情処理について、行政機関の長の努力義務を定めており、豊見城市防犯カメラ条例８条は、こうした努力義務を具体化する制度ということができます。

改正個人情報保護法

（行政機関等における個人情報等の取扱いに関する苦情処理）

第128条 行政機関の長等は、行政機関等における個人情報、仮名加工情報又は匿名加工情報の取扱いに関する苦情の適切かつ迅速な処理に努めなければならない。

7 審議会

防犯カメラの設置・運用全般につき、調査審議を行うため、次の石巻市防犯カメラ条例9条のように専門の審議会を置く自治体があります。防犯カメラの設置・運用は、プライバシー保護の観点から懸念があることも事実です。こうした懸念を払拭し、その設置・運用を民主的な判断のもとに行うことを担保するため、このような附属機関[24]が設けられています。

石巻市防犯カメラの設置及び運用に関する条例

（防犯カメラ設置運営審議会）

第9条 防犯カメラの適正な設置及び運用に関する重要事項について調査審議するため、審議会を設置する。

2 審議会は、市長の諮問に応じ、次に掲げる事項を調査審議し、答申する。

⑴ 第4条第2項に規定する場所に向けて設置する防犯カメラに関する事項

⑵ 前号に掲げる事項のほか、防犯カメラの適正な設置及び運用に関し必要な事項

3 審議会は、委員10人以内をもって組織する。

〈以下略〉

なお、改正個人情報保護法第129条では、自治体が個人情報の適正な取扱いの確保などに関し、条例で設置される審議会への諮問を認めています。

---

(24) 調停、審査、諮問または調査のために執行機関に附置される機関。その設置は条例で定める必要がある（自治法138条の4第3項）。

改正個人情報保護法

（地方公共団体に置く審議会等への諮問）
第129条　地方公共団体の機関は、条例で定めるところにより、第３章第３節の施策を講ずる場合その他の場合において、個人情報の適正な取扱いを確保するため専門的な知見に基づく意見を聴くことが特に必要であると認めるときは、審議会その他の合議制の機関に諮問することができる。

８　委　任

本来条例で定めるべき権利・義務に関する事項や条例中に直接規定することが望ましい事項であっても専門的、技術細目的事項であることから、規則など他の規範に委任される場合があります。委任に際しては、次の八街市防犯カメラ条例５条のように当該防犯カメラの条例中に具体的な委任の根拠となる規定が置かれます。

八街市防犯カメラの設置及び運用に関する条例

（公示）
第５条　市長は、防犯カメラを設置するときは、事前に**規則で定める事項**について公示する。

八街市防犯カメラの設置及び運用に関する条例施行規則

（公示）
第３条　**条例第５条の規定による公示は**、防犯カメラを設置し、撮影を開始する日の30日前までに次の各号に掲げる事項について行うものとする。
⑴　防犯カメラの設置場所
⑵　防犯カメラで撮影する区域
⑶　管理責任者の職名
⑷　防犯カメラにより撮影を開始する日

条例施行のために必要な手続上の軽微な事項については、委任の根拠がなくとも、当該条例の執行につき権限を有する行政機関が定立できる規範（知事や市長の事務であれば、自治法15条１項に定める長の規則）で定めることができます。ただし、自治体の立法実務では、次の美濃加茂市防犯カメラ条例15条にみられるように、確認的に包括的な委任の根拠となる規定が置かれることが少なくありません。

美濃加茂市防犯カメラの設置及び運用に関する条例

（委任）

第15条　この条例に定めるもののほか、防犯カメラの設置及び運用に関し必要な事項、市長が別に定める。

第4　警察活動とビデオカメラシステムの設置等

1　犯罪捜査活動と情報収集

ここで、本書の目的とは少し異なりますが、警察が設置・運用するビデオカメラシステムについて解説します。

警察組織の主な任務は、**犯罪捜査活動**（司法警察活動）と犯罪を予防する**犯罪予防活動**（行政警察活動）です[25]。このうち、犯罪捜査活動は、法定の厳格な要件・手続によってなされる**強制処分**[26]と個別の法律の根拠が必要とされない**任意捜査**に区別されます。なお、犯罪捜査においては、人権侵害回避の観点から任意捜査が原則とされています（刑事訴訟法197条１項、犯罪捜査規範99条）。

刑事訴訟法に強制処分の範囲を定める規定はないのですが、その判断基準を示すものとして最高裁決定があります。同決定は、法律の根拠が必要とされる強制処分とは、「有形力の行使を伴う手段の全てを意味するものではなく、個人の意思を制圧し、身体、住居、財産等に

---

(25)　警察法２条は、「警察は、個人の生命、身体及び財産の保護に任じ、犯罪の予防、鎮圧及び捜査、被疑者の逮捕、交通の取締その他公共の安全と秩序の維持に当ることをもつてその責務とする」と定め、警察が人命の保護、犯罪の予防等と並んで、犯罪捜査を行う任務を担うことを定めている。このうち、犯罪捜査に関する警察手段に関しては、一般法として刑事訴訟法がある。他方、犯罪予防等の警察手段について定めるものとして、警察官職務執行法がある。

(26)　強制処分の例として、逮捕、勾留、捜索、差押え等がある。強制処分に当たっては、裁判所の令状が必要である。

制約を加えて強制的に捜査目的を実現する行為など、特別の根拠規定がなければ許容することが相当でない手段を意味するものであつて、右の程度に至らない有形力の行使は、任意捜査においても許容される場合がある」としています[27]。

この最高裁決定を踏まえ、捜査実務および学説では、有形力の行使であること、あるいは、個人の権利や利益を侵害するものであれば直ちに強制処分であるとは解するのではなく、法定の厳格な要件・手続によって保護する必要があるほど重要な権利・利益に対する実質的な侵害ないし制約を伴うものが強制処分であると解されています[28]。強制処分に至らない任意捜査については、特別の法律上の根拠を要することなく、これを行うことができるとされます。権利・自由に対するあらゆる制限に法律の根拠が必要であるとすると捜査の柔軟性が失われるからです。なお、近年、いわゆるGPS捜査を強制処分と解する注目すべき最高裁判決が登場しています[29]。

このように、特別の法律の根拠が必要とされる強制処分とは、重要

---

(27) 最決昭和51・3・16刑集30巻2号187頁。

(28) 井上正仁「任意捜査と強制捜査の区別」松尾浩也＝井上正仁『刑事訴訟法の争点〔第3版〕』ジュリスト増刊（2002年）48頁、松尾浩也＝岩瀬徹編『実例刑事訴訟法Ⅰ』（青林書院、2014年）86頁［西村卓爾］。

(29) 最大判平成29・3・15刑集71巻3号13頁は、車両に使用者らの承諾なく秘かにGPS端末を取り付けて位置情報を検索し把握する刑事手続上のGPS捜査について、次のように判示して令状がなければ行うことができない強制の処分であるとした。すなわち、「GPS捜査は、対象車両の時々刻々の位置情報を検索し、把握すべく行われるものであるが、その性質上、公道上のもののみならず、個人のプライバシーが強く保護されるべき場所や空間に関わるものも含めて、対象車両及びその使用者の所在と移動状況を逐一把握することを可能にする。このような捜査手法は、個人の行動を継続的、網羅的に把握することを必然的に伴うから、個人のプライバシーを侵害し得るものであり、また、そのような侵害を可能とする機器を個人の所持品に秘かに装着することによって行う点において、公道上の所在を肉眼で把握したりカメラで撮影したりするような手法とは異なり、公権力による私的領域への侵入を伴うものというべきである」とした。そのうえで、「個人のプライバシーの侵害を可能とする機器をその所持品に秘かに装着することによって、合理的に推認される個人の意思に反してその私的領域に侵入する捜査手法であるGPS捜査は、個人の意思を制圧して憲法の保障する重要な法的利益を侵害するものとして、刑訴法上、特別の根拠規定がなければ許容されない強制の処分に当たる」とする。

な権利・利益に対し、有形力の行使など実質的侵害ないし制約を伴う活動とされています。これによれば、プライバシーの期待がそれほど高くないとされる公共空間における個人の容貌・姿態や行動の撮影については、「重要な権利・利益に対し、有形力の行使など実質的侵害ないし制約を伴う活動」ではないため、特別の法律の根拠が必要とされる強制処分に当たらず任意捜査の範疇で行うことができます[30]。

他方、プライバシーの期待が高度に認められる居宅などの私的管理空間における容貌・姿態や行動を撮影する、あるいは、私的管理空間とまではいえないものであっても、特定の個人に対し、その行動を継続的かつ網羅的にビデオカメラシステムにより撮影し、これを記録するといった行為は、プライバシーに対する重大な侵害行為として、強制処分と解されるわけです。

なお、任意捜査であっても、何らかの権利利益を侵害するおそれがあることには違いありません。したがって、状況のいかんを問わず、常に、本人の同意なく、個人の容貌・姿態や行動に関する情報の収集が許容されるものではなく、**その必要性、緊急性なども考慮したうえ、具体的状況のもとで相当と認められる限度において許容される**と解されています（第３章第２・２京都府学連事件最高裁判決）。

2　犯罪予防活動と情報収集

次に、犯罪予防活動（行政警察活動）についてです。犯罪予防活動についても、個別の法律の根拠が必要な場合とそうでない場合との区別

---

(30)　こうした考え方に対し、福井厚教授は次のような疑問を呈する。すなわち、「確かに、街頭に身を置く者は自己の容貌を他者に晒していることはその通りである……。しかし、だからといって、警察官が法律上の根拠もなしに写真撮影や盗聴によってその者の情報を収集してよい、ということにはならない。科学技術的な補助手段による情報収集は、通常、物理的侵入を伴わず、それを伴う場合よりプライバシー侵害の程度は高いのである」とする。そのうえで、「個人情報を収集する場合の写真撮影や盗聴等、少なくとも、科学技術的な補助手段を利用して捜査機関が本人の同意なしに個人情報を収集する活動は、……（中略）……これを一律に強制処分として議会の制定する法律による事前の統制に委ねることが、基準の明確性という観点からも妥当であろう」としている（福井厚『刑事訴訟法講義〔第５版〕』（法律文化社、2012年）104頁以下）。

は、犯罪捜査活動と同様に解されています。このため、犯罪捜査活動の場合と同様、犯罪予防活動においても、本人の同意なく、個人の容貌・姿態や行動に関する情報の収集については、その必要性、緊急性なども考慮したうえ、具体的状況のもとで相当と認められる限度において、これを行う限り、法律の根拠は必要とされないということになります[31]。

たとえば、大阪府警察が、日雇い労働者の街として知られ犯罪が多発していた大阪市西成区の公道上に設置した15台のテレビカメラの撤去が求められた**釜が崎監視カメラ事件大阪地裁判決**[32]もこのように解しています。すなわち、同判決は、「警察法や警職法は、警ら活動や情報収集等について特別の根拠規定を置いているわけではないが、これらの行為は、警察官がその職権職責を遂行するための前提となる事実行為として、右各条項の当然予定するところと考えられる……（中略）……このように、**強制手段に出ない限り、特別の根拠規定を要せず、警察法等の定める目的を達成するために必要な行為をすることができる」と判示しています**[33]・[34]。

---

(31)　警察は、犯罪予防活動を目的として、令和３年３月末現在、31都道府県で2150台の街頭防犯カメラと称されるビデオカメラシステムを設置している（国家公安委員会・警察庁『令和３年度版 警察白書』（2021年７月）126頁。

(32)　大阪地判平成６・４・27判時1515号116頁。

(33)　同判決は、特別の法律の根拠は必要ないとはしているが、無条件に設置・運用し得るとはしていない。すなわち、警察の犯罪予防活動におけるテレビカメラの設置・運用の適法要件として、①目的が正当であること、②客観的かつ具体的な必要性があること、③設置状況が妥当であること、④設置及び使用による効果があること、⑤使用方法が相当であることなどが検討されるべきである、とした。このうち、要件①は、盗撮などのように肖像権の侵害をするような不当なものであってはならないということであり、要件②は、犯罪の発生が一定程度の蓋然性を持って予測されるあるいは、そのような事実が複数発生しているといった客観的事実が必要であるということであり、要件③は、必要性が認められる場所に妥当な台数を設置することが求められるということであり、要件④は、設置による具体的効果が期待できるということである。

(34)　同判決は、テレビカメラによる情報収集と警察官の肉眼による監視の相違について、「テレビカメラ等の情報機器は、警察官の目・耳・記憶の延長線上の補完物に止まるものではなく、警察官の目や耳では取得することの困難な情報を大量にもたらし、それを限りなく集積し、多様な利用の道を開くから、テレビカメラによる監視も情報収集活動の一つではあるが、交番等での立哨・巡回や肉眼あるいは双眼鏡等を用いた街頭の視察等と同列に論じることはでき」ないともしている。

第6章　防犯カメラガイドライン

第１　民間部門対応型防犯カメラガイドラインの課題

第４章および第５章では、自治体自身が設置する防犯カメラの自主規制について定める自己規制型防犯カメラ要綱および自主規制型防犯カメラ条例について、解説してきました。

本章では、民間部門対応型防犯カメラガイドラインと複合対応型防犯カメラガイドラインの課題について解説します。

まず、民間部門対応型防犯カメラガイドラインについてです。**民間部門対応型ガイドラインとは、自治体などの公的機関以外の民間部門が設置する防犯カメラの設置・運用についての指針を定めるものです。**このタイプのガイドラインには、次の札幌市のガイドラインにみられるように、画像個人情報の目的外利用および外部提供に関して、改正個人情報保護法と競合する内容を定めているケースがあります。このような場合、改正個人情報保護法との抵触関係の有無について検討する必要があります。

同法と抵触するガイドラインの条項については、これに従うことはできません。この点に関しては、複合規制型防犯カメラ条例においても同様の問題があるので、次章の解説に譲ります。

札幌市防犯カメラの設置及び運用に関するガイドライン

⑶　目的外利用及び外部提供の禁止

ア　画像及び知り得た情報は、防犯カメラの設置目的以外に使用し、又は提供しない。ただし、次のいずれかに該当する場合は、この限りではない。

㋐　法令に基づく手続により照会等を受けた場合

㋑　捜査機関から犯罪捜査の目的により要請を受けた場合。ただし、捜査機関が画像の提出を求める場合は文書による。

㋒　個人の生命、身体又は財産の安全を守るため、緊急かつやむを得な

い場合
(エ) 本人の同意がある場合
(オ) 本人の請求に基づき、本人に提供する場合
イ アのいずれかに該当する場合、設置者は、管理上必要な事項を記録する。

第2 複合対応型防犯カメラガイドラインの課題

複合対応型防犯カメラガイドラインとは、次の埼玉県のガイドラインの例のように、**自治体などの公的機関が設置・運用する防犯カメラの設置・運用と民間部門が設置する防犯カメラの設置・運用に特に質的な違いを認めず、同列に位置づけ、その設置・運用についての指針を示すものです。**こうした指針のうち、自治体が設置・運用する防犯カメラに係る部分については、第3章および第4章で解説したように法律による行政の原理および自治法14条2項の定めるところにより、その根拠を条例に置くことが適切である旨をガイドラインに明確に盛り込むことが必要です。

また、改正個人情報保護法は、令和5年4月1日から、自治体が保有する個人情報の取扱いについて適用されることになります。これにより、自治体が設置・運用する防犯カメラにより収集される画像個人情報の取扱いについても、当然に改正個人情報保護法の対象となります。よって、改正個人情報保護法と同一の事項について競合した内容を定めている部分については、自主規制型防犯カメラ条例の場合と同じく、同法の趣旨に反するものではないかを検討することが必要になります。この点については、第5章第2の解説を参照してください。

さらに、ガイドライン中、民間部門による防犯カメラの設置・運用に係る部分についても、改正個人情報保護法と競合して内容を定めている部分については、自治体が設置・運用する防犯カメラに係るガイドラインの部分と同様に、改正個人情報保護法の趣旨に反するか否かについて検討する必要があります。この点については、複合規制型防

犯カメラ条例においても同様の問題があるので、次章の解説に譲ります。

（埼玉県）防犯カメラの設置と利用に関する指針

2　設置者等が配慮する必要がある事項

防犯カメラの設置者は、次の点に留意し、防犯カメラの設置、利用及び画像（防犯カメラによって収集された映像及び防犯カメラによって収集された映像で記録されたものをいう。）の取扱いを適正に行うものとする。

⑴　防犯カメラの設置者は、防犯カメラの設置について、現場において明らかになるよう適切な措置を講ずるものとする。

⑵　防犯カメラの設置者は、防犯カメラの管理及び利用を適切に行うため、防犯カメラの運用責任者を置くものとする。

⑶　防犯カメラの設置者及び防犯カメラの運用責任者（以下「設置者等」という。）は、当該防犯カメラの画像から知り得た県民等の情報をみだりに他に漏らし、又は不当な目的のために使用しないものとする。

⑷　設置者等は、当該防犯カメラの画像から知り得た県民等の情報が、その他の防犯カメラの運用に従事する者により他に漏れることのないように、又は不当な目的のために使用されないように必要な措置を講ずるものとする。

⑸　設置者等は、次の場合を除くほか、画像を設置目的以外の目的に利用し、又は第三者に提供しないものとする。

ア　県民等の生命、身体及び財産に対する差し迫った危険があり、緊急の必要性がある場合

イ　法令に基づく手続により照会等を受けた場合

〈6号から8号まで略〉

第7章　複合規制型防犯カメラ条例

第1　複合規制型防犯カメラ条例の分類

これまで、自主規制型防犯カメラ要綱、自主規制型防犯カメラ条例、民間部門対応型防犯カメラガイドライン、複合対象型防犯カメラガイドライン、といった自治体の法政策についての問題点や課題について解説してきました。本章では、その最後として、複合規制型防犯カメラ条例について解説します。なお、民間部門規制型防犯カメラ条例は、調べうる限り、極めて少数であり、また、複合規制型防犯カメラ条例とほぼ同様の内容が規定されていることから、複合規制型防犯カメラ条例についての解説をもって代えることにします。

複合規制型防犯カメラ条例では、主に設置運用基準の届出義務、防犯カメラ管理者等の設置義務、画像個人情報の適正管理義務などが定められています。いうまでもありませんが、**防犯カメラを設置する民間部門に対し、特定の義務を課すという行政手法を用いるため、自治法14条2項の定めるところにより、その内容を条例で定めなければなりません。**

複合規制型防犯カメラ条例は、①主に民間部門が設置・運用する防犯カメラを規律対象とすることを目的として制定されたものと、②主に自治体自らが設置・運用する防犯カメラを規制対象することを目的として制定されたものがあります。数的には、②のタイプが大多数です。他方、数少ない①のタイプとして杉並区防犯カメラ条例があります。同条例は、主に民間部門が設置・運用する防犯カメラを主な規制対象とし、区民のプライバシー権を保護することを目的として制定されました。

杉並区防犯カメラの設置及び利用に関する条例

（目的）

第１条　この条例は、防犯カメラの設置及び利用に関し、基本原則及び必要な事項を定めることにより、防犯カメラの有用性に配慮しつつ、**区民等の権利利益を保護することを目的とする。**

杉並区防犯カメラ条例

杉並区は、東京都の西部に位置し、人口約55万人の特別地方公共団体[1]で、面積は、34.02㎢で23区中８番目の広さを有し、自然豊かな自治体です。

杉並区防犯カメラ条例は、民間部門における区内での防犯カメラの設置が増加する中、主に区民のプライバシー保護を目的として制定されました。杉並区防犯カメラ条例の立案に当たっては、全国初の防犯カメラ条例であることから、立案に際して他の自治体の条例を参考にすることはできませんでした。そのため、防犯カメラに関する裁判例や論文などを参考に立案されています。

次の豊田市防犯カメラ条例も複合規制型防犯カメラ条例に分類されますが、杉並区防犯カメラ条例とは異なり、同市が設置・運用する防犯カメラの自主規制について定めることを主な目的として制定されています。

豊田市防犯カメラの設置及び運用に関する条例

（目的）

第１条　この条例は、公共の場所における防犯カメラの適正な設置及び運用を推進することにより、市民等の権利利益の保護を図り、もって市民が安全で安心して生活することのできる地域社会の実現に寄与することを目的とする。

---

(1)　自治法は、地方公共団体を普通地方公共団体と特別地方公共団体に分類している。前者には、都道府県および市町村がある。後者には、東京都の特別区、地方公共団体の組合、財産区などがある。なお、特別区は、自治法上、基礎的な地方公共団体として位置づけられている。

豊田市防犯カメラ条例

豊田市は、名古屋市東部に位置し、人口は40万人を超え、面積918.32㎢、名古屋市に次ぐ愛知県下第2の都市です。同市は愛知環状鉄道線新豊田駅および名鉄三河線豊田市駅を中心に市街地が展開されていますが、近年は、駅周辺部での再開発事業が進み、高層建築物が目立つようになっています。

豊田市は、自身が設置する防犯カメラについて、当初、ガイドラインを策定し、これにより対処する予定でしたが、市長や議会に対する各所からの強い働きかけもあって、条例を制定することになりました。

条例による規制対象とする防犯カメラは、豊田市自身の設置するものが中心となりますが[2]・[3]、指定管理者、商店街協同組合、自治会、軌道経営者などの民間部門が設置するものも含まれています。

第2　複合規制型防犯カメラ条例の規制対象者

複合規制型防犯カメラ条例は、前述のように、主に自治体が設置する防犯カメラの自主規制を目的として立案されたものが多いのですが、前述の杉並区防犯カメラ条例のように、主に民間部門が設置する防犯カメラの規制を目的として制定されたものもあります。このため、杉並区防犯カメラ条例は、規制対象となる民間部門の範囲が複合規制型防犯カメラ条例の中では、最も広いタイプの条例となっています。同条例と同条例施行規則で確認しましょう。

---

(2) 豊田市では、同市が設置・運用をする防犯カメラの一部がテレビのケーブル回線を使ってネットワーク化されている。

(3) 豊田市は、「防犯カメラを設置する場合の基本方針」(平成25年6月1日施行)により、同市が設置する防犯カメラについては、維持管理やセキュリティの観点から一括管理が可能であるネットワーク方式によるクラウド型防犯カメラの設置が基本とされている。同基本方針に従って、スタンド・アローン方式のビデオカメラシステムから有線ケーブルを使ったネットワーク・クラウド方式へと順次切り替えが進められている。ネットワーク・クラウド化により、犯罪発生後の証拠保全というだけではなく、犯罪が現に行われ、また、現に行われようとしている犯罪への対応についてもその有用性を発揮できると期待されている。

杉並区防犯カメラの設置及び利用に関する条例

（設置利用基準の届出）

第４条　次に掲げるものが、道路、公園その他規則で定める多数の者が来集する場所に防犯カメラを設置しようとする場合には、規則で定めるところにより、防犯対象区域その他の防犯カメラの設置及び利用に関する基準を定め、これを区長に届け出なければならない。届出の内容を変更しようとするときも、同様とする。

⑴　杉並区

⑵　商店街振興組合法（昭和37年法律第141号）に基づく振興組合及び振興組合連合会並びに中小企業等協同組合法（昭和24年法律第181号）に基づく商店街協同組合

⑶　地方自治法（昭和22年法律第67号）第260条の２第１項に規定する地縁による団体

⑷　**その他規則で定めるもの**

杉並区防犯カメラの設置及び利用に関する条例施行規則

（条例第４条第４号の規則で定めるもの）

第７条　条例第４条第４号の規則で定めるものは、次に掲げるものとする。

⑴　独立行政法人都市再生機構

⑵　商店会

⑶　犯罪の防止に関する自主的な活動を行う区民の団体

⑷　鉄道事業法（昭和61年法律第92号）第７条第１項に規定する鉄道事業者

⑸　第３条第２号に規定する施設を設置している者及び当該施設において小売業及び飲食店業を行っている者又は当該施設を設置しようとする者及び当該設置しようとする施設において小売業及び飲食店業を行おうとする者

⑹　興行場法第２条の２に規定する営業者

⑺　区から事務又は事業の委託を受けた者及び指定管理者（地方自治法第244条の２第３項に規定する指定管理者をいう。）

⑻　第３条第４号括弧書に規定する施設において事業を経営する者

複合規制型防犯カメラ条例に定められている規制対象者を分類すると概ね**図表7-1**のようになります。なお、福生市防犯カメラ条例や一宮市防犯カメラ条例のように規制対象について条例で具体的に明示していない複合規制型防犯カメラ条例も存在します。

図表7-1　条例による規制対象

自治体	当該自治体	自治会	指定管理者	業務受託者	商店街振興組合等	鉄道事業者	犯罪予防の自主団体	補助金交付団体[4]	興業場営業者等
杉並区条例	○	○	○	○	○	○	○	×	○
立川市条例	○	○	×	×	○	×	×	×	×
市川市条例	○	○	○	○	○	○	○	×	×
三鷹市条例	○	○	○	×	○	○	×	×	×
世田谷区条例	○	○	×	×	○	○	○	×	×
福生市条例	具体的明記なし。								
豊田市条例	○	○	○	○	○	○	×	×	×
狛江市条例	○	○	○	×	○	○	○	×	×
玉城町条例	○	○	○	○	○	○	○	×	×
伊平屋村条例	○	○	○	○	×	×	×	×	×
荒川区条例	○	○	×	×	○	○	○	×	×
みよし市条例	○	○	○	○	○	○	×	×	×
一宮市条例	具体的明記なし。								
安城市条例	○	○	○	×	○	×	×	×	×
稲沢市条例	○	×	○	○	×	×	×	○	×
和気町条例	○	○	○	○	×	×	×	×	×
四日市市条例	○	○	○	○	○	○	×	×	×
日光市条例	○	○	○	×	○	×	○	×	×
備前市条例	○	○	○	×	×	○	○	×	×
海老名市条例	○	○	○	×	○	×	○	×	×
日野市条例	○	○	○	×	○	○	×	×	×

(4)　当該自治体から防犯カメラ設置に関する補助金を受けた団体をいう。

自治体	当該自治体	自治会	指定管理者	業務受託者	商店街振興組合等	鉄道事業者	犯罪予防の自主団体	補助金交付団体	興業場営業者等
多賀城市条例	○	○	○	○	○	×	×	×	×
清瀬市条例	○	○	○	×	○	○	×	×	×
木津川市条例	○	○	○	○	○	○	×	×	×
小金井市条例	○	○	○	×	○	○	○	×	×
国立市条例	○	○	○	×	○	○	×	×	×
国分寺市条例	○	○	×	×	○	○	○	×	×
国見町条例	○	○	○	×	○	×	○	×	×
伊根町条例	○	○	○	○	×	×	×	×	×
恵那市条例	○	○	○	○	×	×	×	×	×
座間市条例	○	○	○	○	○	○	○	×	×
東久留米市条例	○	○	○	×	○	○	×	×	×
東成瀬村条例	○	○	○	○	○	×	○	×	×
佐倉市条例	○	○	×	×	○	×	×	×	×
鈴鹿市条例	○	○	○	○	○	×	×	×	×
今帰仁村条例	○	○	○	○	×	×	○	×	×
栃木市条例	○	○	×	×	×	×	×	×	×
岩倉市条例	○	×	○	○	×	×	×	○	×
伊江村条例	○	○	○	○	×	×	○	×	×
塩竈市条例	○	○	○	○	○	×	×	×	×
美濃加茂市条例	○	○	○	×	○	○	○	×	×
那覇市条例	○	○	○	×	○	×	○	×	×
戸田市条例	○	○	○	×	×	×	×	×	×
嘉島町条例	○	○	○	○	×	×	○	×	×
輪之内町条例	○	×	○	○	×	×	×	×	×

【凡例】○：対象　×：非対象　※自治体掲載の順序は図表2－3記載の順序による。

第3 複合規制型防犯カメラ条例の課題

複合規制型防犯カメラ条例には、次のような課題があります。まず、自治体自身による防犯カメラの設置・運用と民間部門による防犯カメラの設置・運用に特に質的な違いを認めず、同列に位置づけ、共通の規制内容を定めている点です。自治体自身による防犯カメラの設置・運用については、その根拠を個別に条例に置くとともに、比例原則を念頭においた自主規制の内容をより定める必要があります（第4章、第5章）。

他方、民間部門に対しては、防犯カメラの設置・運用に関し、法的義務を課すことにより事業活動の一部に一定の制限を加えることになるだけではなく、これにより防犯のための社会共通のインフラともいえる防犯カメラの設置・運用に対するモチベーションの低下につながる可能性もあります。現実の立案に際しては、立法事実を検討し、対象とする民間部門の範囲と規制のための手法を慎重に決定する必要があります。

複合規制型防犯カメラ条例の諸規定のうち、自治体自身が設置・運用する防犯カメラの諸規定についての問題点や課題は、第3章および第4章で解説したとおりです。**本章では特に民間部門の事業者が設置・運用する防犯カメラを対象にした諸規定の問題点や課題について解説します。**

第4 複合規制型防犯カメラ条例と改正個人情報保護法

1 防犯カメラの設置者と個人情報取扱事業者との関係

改正個人情報保護法において、個人情報保護に関し、民間部門として同法の規律対象とされているのは、**個人情報取扱事業者**です。この個人情報取扱事業者とは、国の機関、地方公共団体、独立行政法人等、地方独立行政法人を除く者であって、**個人情報データベース等**を事業の用に供している者と定義されています（改正個人情報保護法16条2項）。個人情報データベース等とは、個人情報を含む情報の集合物であって、①特定の個人情報を電子計算機を用いて検索することができるように体系的に構成したもの、②その他、特定の個人情報を容易に検索することができるように体系的に構成したものとして政令で定めるものです（同条1項）。

このため、検索可能ではない状態で情報を利用しているなどの場合には、個人情報データベース等を事業の用に供している者とはいえず、個人情報取扱事業者には、該当しません。なお、「事業の用に供している者」とは、営利事業を行っている者には限られません。ここでいう「事業の用に供している」の「事業」とは、一定の目的をもって反復継続して遂行される同種の行為であって、かつ社会通念上事業と認められるものをいい、営利・非営利の別は問いません。また、個人情報データベース等を事業の用に供している者であれば、当該個人情報データベース等を構成する個人情報によって識別される特定の個人の数の多寡にかかわらず、個人情報取扱事業者に該当します。さらに、法人格のない、権利能力のない社団（任意団体）または個人であっても、個人情報データベース等を事業の用に供している場合は個人情報取扱事業者に該当します(5)。

現在、普及型の防犯カメラシステムにより収集された画像データのほとんどは、検索可能な個人情報データベース等を構成するものではありません。よって、民間部門がこのようなタイプの防犯カメラを設置し、画像個人情報を保有しているからといって、直ちに、個人情報保護法が適用される個人情報取扱事業者になるわけではありません。他方で、近年、一部で導入されている顔認証による検索が可能な防犯カメラシステムを利用する事業者の場合には、個人情報データベース等を事業の用に供する者、すなわち、個人情報取扱事業者として、改

(5) 個人情報保護委員会「個人情報の保護に関する法律についてのガイドライン（通則編）〔令和3年10月一部改正版〕」［2－5 個人情報取扱事業者］。

正個人情報保護法の規定が適用されることになります。もっとも、こうした顔認証による検索が可能な防犯カメラシステムを利用する事業者ではなくても、検索可能な顧客リストを事業の用に供している事業者などは、このことをもって既に個人情報取扱事業者となるため、個人情報取扱事業者として改正個人情報保護法の定めるところにより画像個人情報を保管しなければなりません。

2　複合規制型防犯カメラ条例と改正個人情報保護法との適用関係

(1)　適用関係の意義

複合規制型防犯カメラ条例の規制対象者となっている民間部門の事業者であっても、個人情報取扱事業者に該当しない場合には、改正個人情報保護法の適用はないので、これらの者については、複合規制型防犯カメラ条例の規定と改正個人情報保護法の規定とが競合することはなく、複合規制型防犯カメラ条例のみが適用されます。

これに対し、複合規制型防犯カメラ条例の対象となっている民間部門の事業者であって、かつ、個人情報取扱事業者にも該当する者については、防犯カメラ条例および改正個人情報保護法の規定が競合する場合が生じます。この場合、改正個人情報保護法のいずれの規定が適用されるかが問題になります。

この点に関してですが、第5章第2・3で解説したように、改正個人情報保護法5条は「地方公共団体は、**この法律の趣旨にのっとり**、国の施策との整合性に配慮しつつ、その地方公共団体の区域の特性に応じて、地方公共団体の機関、地方独立行政法人及び**当該区域内の事業者等による個人情報の適正な取扱いを確保するために必要な施策を策定し、及びこれを実施する責務を有する**」としています。このことから、地域の実情により改正個人情報保護法とは異なる定めを置く必要があれば、法律の趣旨に反しない限りにおいて、許容されると解されます。

他方、第5章で解説したように、令和3年の個人情報保護法改正の柱は、個人情報の流通による利活用の推進です。これは、国のデジタル戦略の一環として、国民の権利を侵害しない範囲において個人情報の利活用の必要性が強く求められるようになった結果です。こうした利活用の前提として、個人情報の流通や連携を全国レベルでスムーズにするための方策として、自治体が保有する個人情報の保護制度についても、国の機関の制度と共通化するということになったわけです。

なお、民間部門における個人情報保護では、公的部門における個人情報保護におけるほどの大きな制度改正があったわけではありません。とはいえ、民間部門においても個人情報の保護およびその流通を前提とする個人情報の利活用といった目的は公的部門におけるものと同様に変わることはありません。

このことを前提に以下、画像個人情報の、①適正管理、②第三者提供の制限、③自己情報の開示請求、に関し、改正個人情報保護法とは異なる定めを置く複合規制型防犯カメラ条例の規定と同法との適用関係について検討することにしましょう。

⑵ 画像情報の適正管理

まず、画像個人情報の適正管理についてです。個人情報取扱事業者が防犯カメラの設置・運用により収集した画像個人情報の管理について、画像個人情報が個人の人格の象徴に関わるものであり、かつ、個人のアイデンティティーの中核を担うものであることを理由に、条例で厳格な管理について定めることは可能でしょうか。美濃加茂市防犯カメラ条例7条を例に検討しましょう。

美濃加茂市防犯カメラ条例7条は、画像個人情報の管理につき、①画像データを保存する場合には、当該画像を加工することなく、撮影時の状態のままで保存すること、②画像データの表示または保存をする場合において、通信回線と接続している電子計算機を使用するときは、安全対策の措置を講ずること、③画像データを保管するときは、盗難、散逸等を防止するために、施錠することができる保管庫を使用する等必要な措置を講ずること、④規則で定める保存期間を経過した画像データは、消去、記録された媒体の破砕その他の方法により復元できないよう適切に処理すること、といった内容を定めています。

これらは、個人情報取扱事業者がその取り扱う個人データの漏えい、滅失または毀損の防止その他の個人データの安全管理のために必要かつ適切な措置を講じなければならないとする改正個人情報保護法23条に定める安全措置の規定の趣旨に沿って、画像個人情報に特化した管理を義務付けるものと解されます（**図表7-2**）。

図表7-2　適正管理における比較（美濃加茂市）

美濃加茂市防犯カメラ条例	改正個人情報保護法
（画像データの適正な取扱い） **第7条**　設置者等は、画像データの漏えい、滅失、毀損、流出及び改ざんの防止その他の画像データの適正な管理のために、次に掲げる措置を講じなければならない。 (1)　画像データを保存する場合には、当該画像を加工することなく、撮影時の状態のままで保存すること。 (2)　画像データの表示又は保存をする場合において、通信回線と接続している電子計算機を使用するときは、安全対策の措置を講ずること。 (3)　画像データを保管するときは、盗難、散逸等を防止するために、施錠することができる保管庫を使用する等必要な措置を講ずること。 (4)　規則で定める保存期間を経過した画像データは、消去、記録された媒体の破砕その他の方法により復元できないよう適切に処理すること。	（安全管理措置） **第23条**　個人情報取扱事業者は、その取り扱う個人データの漏えい、滅失又は毀損の防止その他の個人データの安全管理のために必要かつ適切な措置を講じなければならない。

こうした美濃加茂市防犯カメラ条例7条の規定は、民間部門における個人情報の保護レベルを下げるものではありません。また、そもそも、個人情報取扱事業者内部の取扱いに関するものにすぎないので、個人情報の流通を前提とするその利活用に支障を及ぼすものではありません。よって、適正管理について定める条例の規定は、これを適用することに問題はありません。

⑶ 画像個人情報の第三者提供制限

次に、画像個人情報の第三者提供制限についてです。民間部門における防犯カメラの設置・運用により収集した画像個人情報の第三者提供に関し、条例で定めるところにより、第三者提供できる者の範囲を改正個人情報保護法に定める者とは異なる範囲の者とすることは可能でしょうか。栃木市防犯カメラ条例10条を例に検討しましょう（**図表7-3**）。

図表7-3　第三者提供における比較（栃木市）

栃木市防犯カメラ条例	改正個人情報保護法
（画像データの目的外利用等の禁止） **第10条**　設置者等は、画像データを防犯カメラの設置目的以外の目的に利用し、又は第三者に提供してはならない。ただし、次の各号のいずれかに該当するときは、この限りでない。 ⑴　画像データから識別される特定の個人の同意を得ているとき。 ⑵　法令に定めがあるとき。 ⑶　個人の生命、身体又は財産の安全を守るため、緊急かつやむを得ないと認めるとき。	（第三者提供の制限） **第27条**　個人情報取扱事業者は、次に掲げる場合を除くほか、あらかじめ本人の同意を得ないで、個人データを第三者に提供してはならない。 ⑴　法令に基づく場合 ⑵　人の生命、身体又は財産の保護のために必要がある場合であって、本人の同意を得ることが困難であるとき。 ⑶　公衆衛生の向上又は児童の健全な育成の推進のために特に必要がある場合であって、本人の同意を得ることが困難であるとき。 ⑷　国の機関若しくは地方公共団体又はその委託を受けた者が法令の定める事務を遂行することに対し

栃木市防犯カメラ条例	改正個人情報保護法
	て協力する必要がある場合であって、本人の同意を得ることにより当該事務の遂行に支障を及ぼすおそれがあるとき。 (5) 当該個人情報取扱事業者が学術研究機関等である場合であって、当該個人データの提供が学術研究の成果の公表又は教授のためやむを得ないとき（個人の権利利益を不当に侵害するおそれがある場合を除く。）。 (6) 当該個人情報取扱事業者が学術研究機関等である場合であって、当該個人データを学術研究目的で提供する必要があるとき（当該個人データを提供する目的の一部が学術研究目的である場合を含み、個人の権利利益を不当に侵害するおそれがある場合を除く。）（当該個人情報取扱事業者と当該第三者が共同して学術研究を行う場合に限る。）。 (7) 当該第三者が学術研究機関等である場合であって、当該第三者が当該個人データを学術研究目的で取り扱う必要があるとき（当該個人データを取り扱う目的の一部が学術研究目的である場合を含み、個人の権利利益を不当に侵害するおそれがある場合を除く。）。 〈２項から６項まで略〉

栃木市防犯カメラ条例の対象となる民間部門の防犯カメラの設置者のうち個人情報取扱事業者でないものは、改正個人情報保護法27条は適用されず、栃木市防犯カメラ条例10条のみが適用されることになります。

他方、栃木市防犯カメラ条例の対象となる民間部門の防犯カメラの条例の対象者であり、かつ、個人情報取扱事業者に該当する者については、画像個人情報の保護に関し、両者の規定が競合することになります。

改正個人情報保護法は、国内の個人情報取扱事業者が保有する個人情報については、その円滑な情報の管理と情報活用促進の観点から、全国共通の基準のもとで、これを規律することを予定しています。よって、個人情報取扱事業者による画像個人情報の第三者提供可能な範囲に関し、改正個人情報保護法27条とは異なるルールを民間部門の事業者に対して義務付ける栃木市防犯カメラ条例10条のような規定は、改正個人情報保護法の趣旨に反するため適用されないと解されます。

栃木市防犯カメラ条例

栃木市は、栃木県南部に位置し、人口約16万人、面積331.5㎢の都市です。同市では、平成28年3月の定例市議会の一般質問で防犯対策についての質問を受け、平成29年2月、市が設置する防犯カメラに関し、栃木市防犯カメラ設置運用方針が定められました。これに基づき防犯カメラ条例が平成29年6月に制定され、同年7月1日から施行されています。令和元年8月現在、市内にカメラ165台（54カ所）が設置されています。これらのカメラはスタンド・アローン型のものもありますが、その一部のカメラについては、ネットワーク化され、37台のモニターにより、画像データをリアルタイムで確認できるようになっています。

栃木市防犯カメラ条例は、その制定経緯からわかるように、主に、安全安心なまちづくり推進を目的として栃木市自身が設置・運用を行う防犯カメラの自主規制を主たる目的とするものです。なお、同条例における民間部門の規制対象となっているのは、現在のところ、栃木市防犯カメラ設置費補助金交付事業により補助金の交付を受けて防犯カメラの設置・運用をする自治会のみとなっています[6]。

(4) 自己の画像個人情報の開示請求

次に、自己情報の開示請求に関し、改正個人情報保護法とは異なる複合規制型防犯カメラ条例の規定を定めた場合、当該条例の規定が適用されるのでしょうか。東久留米市防犯カメラ条例7条を例に検討しましょう（**図表7-4**）。

図表7-4　自己の画像個人情報の開示請求における比較（東久留米市）

東久留米市防犯カメラ条例	改正個人情報保護法
（映像データの開示） **第7条**　設置者等は、市民等から自己の映像データの開示を求められたときは、当該市民等に対し、必要と認められる範囲内で、当該映像データを開示するよう努めなければならない。	（開示） **第33条**　本人は、個人情報取扱事業者に対し、当該本人が識別される保有個人データの電磁的記録の提供による方法その他の個人情報保護委員会規則で定める方法による開示を請求することができる。 2　個人情報取扱事業者は、前項の規定による請求を受けたときは、本人に対し、同項の規定により当該本人が請求した方法（当該方法による開示に多額の費用を要する場合その他の当該方法による開示が困難である場合にあっては、書面の交付による方法）により、遅滞なく、当該保有個人データを開示しなければならない。ただし、開示することにより次の各号のいずれかに該当する場合は、その全部又は一部を開示しないことができる。 (1)　本人又は第三者の生命、身体、財産その他の権利利益を害するおそれがある場合 (2)　当該個人情報取扱事業者の業務の適正な実施に著しい支障を及ぼ

(6)　令和元年8月現在、6の自治会で12台の防犯カメラが設置・運用されている。

東久留米市防犯カメラ条例	改正個人情報保護法
	すおそれがある場合 (3) 他の法令に違反することとなる場合 〈3項から5項まで略〉

東久留米市防犯カメラ条例の対象となる民間部門の防犯カメラの設置者のうち、個人情報取扱事業者に該当しない者については、画像個人情報に関し、改正個人情報保護法28条は適用されず、東久留米市防犯カメラ条例7条のみが適用されます。

他方、東久留米市防犯カメラ条例の対象となる民間部門の防犯カメラ設置者であり、かつ、個人情報取扱事業者に該当するものについては、両者の規定が競合することになります。この場合、画像個人情報に関し、東久留米市防犯カメラ条例7条を適用できるかが問題になります。

この点に関し、東久留米市防犯カメラ条例7条では、開示が努力義務にとどまるものであり、自己情報の開示請求権の否定につながりかねません。また、改正個人情報保護法が画像個人情報に関し、地域の実情の応じて自己情報の開示請求権の行使の制限を許容しているとは考えられません。よって、自己情報の開示請求に関し、努力義務にとどめる東久留米市防犯カメラ条例7条のような規定は、改正個人情報保護法の趣旨に反し、適用されないと解されます。

第5　複合規制型防犯カメラ条例における主要規定

これまで、複合規制型防犯カメラ条例と改正個人情報保護法との適用関係を中心に解説してきました。ここでは、同法に関連する規定以外の主要規定について解説します。

1　設置運用基準の届出義務

複合規制型防犯カメラ条例では、防犯カメラを設置しようとする者に対し、届出義務が設定されています。届け出るのは、防犯カメラの設置運用基準です。当該設置運用基準は、届出義務者が作成します。杉並区防犯カメラ条例で確認しましょう。

杉並区防犯カメラの設置及び利用に関する条例

（設置利用基準の届出）

第４条　次に掲げるものが、道路、公園その他規則で定める多数の者が来集する場所に防犯カメラを設置しようとする場合には、**規則で定めるところにより、防犯対象区域その他の防犯カメラの設置及び利用に関する基準を定め、これを区長に届け出なければならない。**届出の内容を変更しようとするときも、同様とする。

また、防犯カメラの設置運用基準に定めるべき事項については、条例の具体的委任を受け条例施行規則で定められています。

杉並区防犯カメラの設置及び利用に関する条例施行規則

（防犯カメラ設置利用基準）

第４条　条例第４条前段の規定により届出義務者が防犯カメラの設置及び利用に関する基準に定めなければならない事項は、次に掲げるとおりとする。

⑴　防犯カメラの設置目的

⑵　防犯対象区域

⑶　防犯カメラ管理責任者その他の防犯カメラの管理に従事する者の指定

⑷　画像の保存方法及び保存期間

⑸　前号に掲げるもののほか、画像の安全管理措置

⑹　苦情処理の手続

2　基本原則

複合規制型防犯カメラ条例では、防犯カメラの設置・運用において、守るべき重要な基本原則が定められています。この基本原則は、目的規定とともに条例の運用上疑義が生じた場合に解釈の指針となる大変重要な規定です。

美濃加茂市防犯カメラの設置及び運用に関する条例

（基本原則）

第３条　防犯カメラを設置し、又は運用するものは、市民等がその容貌又は姿態をみだりに撮影されない自由を有することに鑑み、防犯カメラの設置及び運用に関し、適切な措置を講じなければならない。

美濃加茂市防犯カメラ条例

美濃加茂市は、人口約５万6000人余り、面積74.81㎢の岐阜県南部に位置する都市です。同市では、平成31年、防犯カメラの設置に合わせて条例が制定されました。市が設置している台数は、通学路等を中心に約120台で、主に中部電力が管理する電柱に設置されています。全てがスタンド・アローン方式ですが職員のみがWi-Fiを利用して画像データをダウンロードすることができます。

3　管理責任者等の設置義務等

防犯カメラの管理等については、次の豊田市防犯カメラ条例５条のように、防犯カメラ設置・運用の管理責任の所在を明らかにするため、防犯カメラ条例では管理責任者（防犯カメラの運営や画像個人情報の処理等について意思決定をする者）および防犯カメラの取扱者（管理責任者に指示に基づいて現実の防犯カメラの操作や画像個人情報の保管、処分等を行う者）の設置義務などが定められています。このうち、取扱者については、一定程度のデジタル技術についての知識を有し、機器を操作する者を指定することが必要です。

豊田市防犯カメラの設置及び運用に関する条例

（設置者の義務）

第５条　前条の規定による届出の義務があるもの（以下「届出義務者」という。）は、防犯カメラの運用を適切に行うために、防犯対象区域ごとに防犯カメラ管理責任者（以下「管理責任者」という。）を置かなければならない。

（取扱者の指定）

第6条 管理責任者は、設置された防犯カメラの機器操作を行う者（以下「取扱者」という。）を指定するものとする。この場合において、取扱者は、管理責任者とは別の者でなければならない。

2 管理責任者及び取扱者以外の者は、設置された防犯カメラの機器操作を行うことができない。ただし、緊急であり、かつ、やむを得ない場合は、管理責任者の許可を得て、管理責任者及び取扱者以外の者が機器操作を行うことができるものとする。

3 前項ただし書の規定により機器操作を行った者は、行った機器操作の内容を管理責任者に報告しなければならない。

また、あわせて、設置者、管理者および取扱者の遵守義務等についての規定も置かれています。

豊田市防犯カメラの設置及び運用に関する条例

（設置者等の義務）

第7条 設置者、管理責任者及び取扱者（前条第2項ただし書の規定により機器操作を行う者を含む。以下同じ。）（以下「設置者等」という。）は、防犯カメラの適正な運用を図り、設置運用基準を遵守しなければならない。

2 設置者等は、防犯カメラで撮影した画像又は画像データから知り得た市民等の情報を他に漏らし、又は不当な目的のために使用してはならない。設置者等でなくなった後においても、同様とする。

なお、画像個人情報の管理者および取扱者を設置することは、改正個人情報保護法23条(7)に定める安全措置の内容と重なる部分はありますが、これらの事項は、個人情報取扱事業者内部の管理に関する定めにすぎないことから、改正個人情報保護法の趣旨に反せず、条例で定

---

(7) 指定管理者が、公の施設の管理の業務を行う場合や行政機関から個人情報の取扱いの委託を受けた者が当該委託を受けた業務を行う場合の安全管理措置については、改正個人情報保護法23条は適用されず同法68条1項が準用される（同条2項）。同法23条では、「個人データ」のみが安全管理措置の対象となるが同法68条1項では、「保有個人情報」全般がその対象になるという違いがある。

めることに問題はありません。

4 義務履行の確保

条例上の義務に対する履行確保の手段として、次の豊田市防犯カメラ条例のように、**勧告**および**制裁的公表制度**が定められる例があります。このうち、勧告は、相手方の任意の履行に期待し、義務履行を促す非権力的な行政手法です。また、制裁的公表制度は、制裁を主たる目的とするもので、義務の履行を確保するための手法のひとつです。

豊田市防犯カメラの設置及び運用に関する条例11条

2　市長は、前項の規定による報告において第4条から前条までの規定に違反する行為があると認めるときは、設置者及び管理責任者に対し、規則で定めるところにより、当該違反する行為の中止その他違反を是正するために**必要な措置を講ずるよう勧告することができる。**

豊田市防犯カメラの設置及び運用に関する条例

（公表）

第12条　市長は、前条第2項の規定により勧告した場合において、当該勧告を受けた者が正当な理由なくその勧告に従わなかったときは、規則で定めるところにより、その事実を公表することができる。

2　市長は、前項の規定による公表をしようとするときは、あらかじめ、当該勧告を受けた者に対し、意見を述べる機会を与えなければならない。

ここで制裁的公表制度の意義について、確認しておきましょう。自治体は、住民に対し、説明責任を果たすために、自治体の機関が保有する情報を住民に公表します。こうした**情報公表制度**には、住民からの開示請求を待って情報を公開する**情報公開制度**と行政機関自らが法令の根拠に基づきまたは任意に情報を公表する**狭義の情報公表制度**があります。

このうち狭義の情報公表制度は、目的別に**情報提供的公表制度**と**制裁的公表制度**に分けることができます。情報提供的公表制度は、住民の生活の便宜のため、あるいは、住民の生命財産を守るために、自治体のイベント情報、台風、地震など災害に関する情報、学校近辺の不審者に対する情報などを公表する制度です。行政機関が自らの説明責任を果たすために用いる中心的な情報公表制度といってもよいでしょう。他方、制裁的公表制度は法令や条例に定める義務違反に対し、その社会的信用を低下させることを目的とし、違反の事実、違反者の氏名等を公表することによって行政上の義務の実効性を確保するための制度です。

情報提供的公表、制裁的公表のいずれの行為であっても、一般の記者発表と同じように、住民の権利を制限したり、義務を課すものではありません。そのために、侵害留保説（第４第１・２(1)）からすると、条例や法律で公表の根拠を定める必要はないということになりそうです。

こうした考え方に対し、制裁的公表は、公表される個人や企業の社会的、経済的地位に重大な不利益を及ぼす可能性が高く、また、いったん情報が行政により公表されると、その原状回復は非常に困難であることから制裁的公表については、法律や条例の根拠が必要であるとする考え方が有力です。現在では、制裁的公表の根拠を法律や条例に定めるという立法実務が定着しつつあります。

なお、制裁的公表は、予想もしないような不利益を被公表者に対して与える場合があります。しかし、制裁的公表は「不利益処分」とは解されていないため、行政手続法や行政手続条例に定める事前手続の規定が適用されません。このため、手続保障等の観点から、①公表要件、②公表内容、③公表前の事前の弁明の機会の付与といった独自の事前手続のプロセスを定めることが求められます。

5 報告徴収

条例に定める義務の違反事実についての有無を確認するためには、調査を行う必要があります。こうした行政機関の調査権限について、その根拠および当該権限を行使し得る範囲について条例で定められています。

豊田市防犯カメラの設置及び運用に関する条例

（報告及び勧告）

第11条 市長は、必要があると認めるときは、設置者又は管理責任者に対し、その設置し、又は管理する防犯カメラの管理及び運用の状況について報告を求めることができる。

6 運用状況の公表

自治体がその説明責任を果たす観点から、条例の運用状況の公表についての規定が置かれている例があります。こうした情報提供的公表行為については権力性のない事実行為（＝情報提供的公表）であり、個人に不利益をもたらすものではありませんから、その根拠を条例に定める必要はありません。とはいえ、行政機関に公表の義務付けをする点で意味のある規定といえるでしょう。

杉並区防犯カメラの設置及び利用に関する条例9条

（公表）

2 区長は、毎年1回以上、第4条の規定による届出の状況、前条第1項の苦情の処理状況その他規則で定める事項を公表しなければならない。

7 苦情処理制度

民間部門が設置・運用する防犯カメラにより生じるトラブルは、私人間で解決するのが原則です。そこで、複合規制型防犯カメラ条例では、市民の苦情申立権および当該苦情申立てあった場合の防犯カメラの設置者および管理責任者の対応義務が定められている例があります。

次の豊田市防犯カメラ条例10条では、防犯カメラの設置者および管理責任者の対応義務だけではなく、防犯カメラの設置者および管理責任者の苦情対応に不服がある場合に市長に対する不服の申出権と当該申出に対する市長の対応義務が定められています。

豊田市防犯カメラの設置及び運用に関する条例

（苦情対応）

第10条　設置者及び管理責任者は、防犯カメラの設置及び運用に関して市民等から苦情があったときは、迅速かつ適切に対応するものとする。

2　市民等は、前項に規定する苦情の対応に不服があるときは、市長に対し、その旨を申し出ることができる。

3　市長は、前項の規定による申出を受けたときは、迅速かつ適切に対応するものとする。

なお、改正個人情報保護法では、個人情報取扱事業者は、個人情報の取扱いに関する苦情の適切かつ迅速な処理に努めなければならならず、この目的を達成するために必要な体制の整備に努めなければならないとされています（同法40条）。

改正個人情報保護法

（個人情報取扱事業者による苦情の処理）

第40条　個人情報取扱事業者は、個人情報の取扱いに関する苦情の適切かつ迅速な処理に努めなければならない。

2　個人情報取扱事業者は、前項の目的を達成するために必要な体制の整備に努めなければならない。

第8章　補助金交付による防犯カメラ設置の促進

第1　防犯カメラの設置と地域協働

画像個人情報の適正な収集と厳格な管理という観点から、防犯カメラの設置・運用については、自治体のみがこれを独占すべきであると考える自治体もあります。

他方、自治体のみでの防犯カメラの設置・運用をするのではなく、自治会や地域の防犯組織などに補助金を交付し、民間部門における防犯カメラの設置・運用を促進し、自治体の安全安心なまちづくり推進の一翼を担ってもらうという考え方もあります[1]。こうした政策では、地域住民が主体的に防犯カメラの設置・運用を行うことによって、**地域住民の主体的な防犯意識が高められると同時に、行政コストも抑えられる**といったメリットもあります[2]。

いずれの政策を選択すべきかについては、自治体の区域の広さ、市街地の犯罪状況、自治体の財政状況などを考慮して決定することになります。なお、いうまでもありませんが、民間部門である自治会は、法律による行政の原理および自治法14条２項の拘束を受けないので、

---

(1)　中田実『新版　地域分権時代の町内会・自治会』（自治体研究社、2017年）54頁は、「これまで世界的に注目されてきたわが国の地域の安全性の高さは、地域に密着した交番の存在や住民の防犯活動が成功したというだけではなく、地域にくまなく組織された町内会の存在とそこで日常的な住民の交流があったことが大きかったといってもよいであろう」と述べ、自治会が地域の安全性に寄与する役割を担っているとする。

(2)　鹿児島市は、平成28年２月、鹿児島市安全安心まちづくり推進会議の提言を受け、同市が直接防犯カメラを設置することは監視社会へつながるとして慎重な立場をとる。このため、鹿児島市自身による設置は行わず、補助金交付により自治会の防犯カメラ設置を後押しするという政策が選択されている。なお、補助制度開始後、平成29年度に５団体22台、平成30年度に３団体14台の設置に対し補助実績がある。鹿児島市は、自治会が設置する防犯カメラについて、事前の説明や補助金の交付要件を通じて適正に運用されるように指導をするので、これを規制するための条例は必要ないとする（宇那木正寛「【時論】増える自治体の防犯カメラ　条例制定で権利保護を」（南日本新聞、令和元年11月４日朝刊第５面）参照）。

地域の統治主体である自治体とは異なり、防犯カメラの設置・運用に関し、法的根拠が必要とされるわけではありません。

第2　美濃加茂市の例

ここで、具体例として、美濃加茂市の例を参考に自治体による民間部門に対する防犯カメラの設置促進事業の概要を確認しましょう。

美濃加茂市防犯カメラ設置事業補助金交付要綱

（目的）

第1条　この告示は、安全で安心できる住みよい地域社会の実現のため、新たに防犯カメラを設置しようとする者に対し、防犯カメラ設置事業補助金（以下「補助金」という。）を交付することによって、防犯カメラの設置の促進を図ることを目的とする。

〈2条および3条略〉

（補助金交付の対象）

第4条　補助金の交付を受けることができるもの（以下「補助対象者」という。）は、次の各号に掲げるものとする。

⑴　自治会その他の地域的な共同活動を行う団体

⑵　商店街振興組合法（昭和37年法律第141号）に基づく商店街振興組合及び商店街振興組合連合会、中小企業等協同組合法（昭和24年法律第181号）に基づく事業協同組合並びにこれらに準ずる団体

⑶　自主防犯活動団体

⑷　その他市長が適当と認める団体

（補助対象事業）

第5条　補助金の交付の対象となる事業（以下「補助事業」という。）は、次の各号に掲げる要件を満たすものとする。

⑴　市内に設置される防犯カメラであること。

⑵　防犯カメラを設置した日から起算して5年間は、その利用を継続すること。ただし、市長がやむを得ないと認める場合は、この限りでない。

⑶　条例の規定を遵守すること。

⑷　防犯カメラの設置について、地域住民その他の関係者の同意を得てい

　ること。
〈6条および7条略〉
（補助金の額等）
第8条　補助金の額は補助対象経費に3分の2を乗じた額とする。ただし、設置する防犯カメラの台数に20万円を乗じて得た額を限度とする。
2　補助金の額に千円未満の端数が生じたときは、これを切り捨てるものとする。
3　補助金の交付の対象となる防犯カメラの台数は、同一年度内において1団体につき3台を上限とする。
〈以下略〉

美濃加茂市の事業は、犯罪防止の観点から民間部門が設置する防犯カメラの購入および設置について、一定の金額を補助しようとするものです。補助金交付の対象者は、自治会、地域の自主防犯組織などの公共的団体が対象で（4条）、補助対象事業は防犯カメラの設置です（5条）。補助率は、補助対象経費（カメラの購入、設置に要する費用など）の3分の2で、上限額は1台につき、20万円以内とされています（8条）。また、補助金交付に当たっては、美濃加茂市防犯カメラ条例を遵守することがその条件とされています（5条3号）。

ところで、自治会が、地域の統治団体ではないにもかかわらず、道路、公園など管理権を有しない公共空間をその撮影対象として防犯カメラの設置・運用を行うことに問題はないのでしょうか[3]。この点については、否定的見解があります[4]。しかし、自治会が地域の住民か

⑶　ごみステーションのように自治会が管理権を有する場所、あるいは、自治体から管理委託を受けて管理する場所を撮影対象として防犯カメラを設置する場合には、このような問題は生じない。
⑷　甲斐素直「監視カメラと人権」日本法学72巻1号（2006年）13頁以下は、「町内会等の私的団体が、公共空間の監視用にカメラを設置した場合には、非常に問題である……（中略）……私人が直接防犯活動を行うことが禁じられている状況下で、すなわち防犯パトロール自体の合憲性が疑わしい状況下で、防犯パトロールに換えて防犯カメラを許容することは、原則として許されないと言うべきであろう」とする。

ら構成される民主的かつ公共的性格を持った団体[5]です。複合規制型防犯カメラ条例においても自治会が当然に公共空間を撮影対象とする防犯カメラの設置・運用を適法に行えることを前提として制定されています。本書もこの立場を支持します。

このように、自治体は自治会に対し、補助金を交付し、自治体と同様の立場で、あるいは自治体に代わって地域の防犯を担わせることも可能です。その場合には、住民のプライバシー保護の観点から、次の美濃加茂市条例のように自治会が設置・運用する防犯カメラを規制対象とし、民主的コントロールのもとに置くことが求められます。

美濃加茂市防犯カメラの設置及び運用に関する条例

（設置運用基準）

第４条　防犯カメラを設置しようとするもので次に掲げるものは、設置の目的その他の規則で定める事項を定めた防犯カメラの設置及び運用に関する基準（以下「設置運用基準」という。）を定めなければならない。

⑴　市

⑵　指定管理者（地方自治法（昭和22年法律第67号）第244条の２第３項の規定により、公の施設の管理を行う指定管理者をいう。以下同じ。）

⑶　**自治会その他の地域的な共同活動を行う団体**

〈4号、５号、６号略〉

⑸　中田稔＝山崎丈夫＝小木曽洋司『地域再生と町内会・自治会』（自治体研究者、2009年）57頁［小木曽洋司］は、自治会について、「原則として一定の地域的区画において、そこで居住ないし営業する全ての世帯と事業所を組織することをめざし、その地域的区画内に生じるさまざまな（共同の）問題に対処することをとおして、地域を代表しつつ、地域の（共同）管理に当たる住民組織」であると定義する。

第9章　施設管理カメラ等

第1　施設管理カメラの意義

本書において**施設管理カメラ**とは、**自治体や民間部門が管理する建物などの閉鎖的空間の適正管理を目的として設置・運用されるビデオカメラシステム**と定義します。入退館が管理されている閉鎖的空間を撮影対象であるとする点で、道路など時間帯を問わず自由に利用ができる屋外の公共空間を主な撮影対象とする防犯カメラとは異なります。

自治体が設置・運用する施設管理カメラには、特定の行政目的のために供される公用物たる庁舎内に設置される**庁舎管理カメラ**と公の施設（自治法244条）に設置される**公の施設管理カメラ**に分類されます。なお、庁舎などの公用物は、本来、行政において公用に供することを目的とするものであり、その利用が、公の施設のように、住民一般の利用に供することを目的とするものではありません。

第2　庁舎管理カメラ

1　庁舎管理カメラ設置・運用とその根拠

まず、庁舎管理カメラについて、自治体自身が設置・運用する防犯カメラの場合と同様にその設置・運用の根拠を条例で定める必要があるかどうかについて考えてみましょう。

庁舎管理カメラの設置・運用については、次の春日市や那珂川市のように自治法15条に定める規則など、条例以外の規範で定められていることが一般的です。

春日市役所庁舎の管理に関する規則

（庁舎等管理用カメラの設置等）

第10条の2　管理者は、庁舎等の管理を行うためのカメラ（以下「庁舎等管理用カメラ」という。）を**庁舎等に設置することができる。**

2　管理者は、庁舎等において、前条各号のいずれかに該当する行為の予防及びその発生の状況の把握を目的として、庁舎等管理用カメラにより特定の場所を継続的に撮影し、その**映像及び音声を記録することができる。**

3　庁舎等管理用カメラの設置及び運用に当たっては、春日市個人情報保護条例（平成18年条例第39号）に基づき、個人情報の適切な取扱いが確保されなければならない。

那珂川市庁舎における防犯カメラの設置及び運用に関する要綱

（設置）

第3条　防犯カメラは、その設置目的を達成するため市長が特に必要と認めた場所に設置する。

2　前項の規定により防犯カメラを設置したときは、防犯カメラで撮影される範囲の見やすい場所に、市が防犯カメラを設置し、常時録画するものについては、撮影している旨を表示するものとする。

〈第3項略〉

自治体が庁舎管理カメラの設置・運用の根拠を条例ではなく、規則や要綱、規程などの行政規則で定めているのには理由があります。それは、条例によらなくとも、**庁舎管理権**(1)に基づき職員以外の第三者たる庁舎利用者に対しても一定程度の自由あるいは権利を制限し得るという伝統的な理論があるからです(2)。

---

(1)　原龍之介『公物営造法〔新版〕』（有斐閣、1974年）236頁は、庁舎管理権の性質について次のように解している。すなわち、「庁舎管理権は、民間企業における会社の建物・企業施設を管理する、いわゆる『施設管理権』に相当する。施設管理権は、通常、施設の所有権の作用として、その所有権（又は賃借権ないし占用権）にその根拠を求めることができる……（中略）……これに反し、庁舎管理権は、庁舎の施設・敷地等所有権から独立した別個の、庁舎をその本来の目的にしたがって公用に供するために認められる**公物管理権**に根拠を有する」としている。

こうした理論を前提とすると、**庁舎を公用物として適正に管理するための利用制限**については、自治法14条2項の規定は適用されないということになります(3)。本書でも、庁舎管理カメラについては、その設置・運用の根拠を条例で定める必要はないと解します。

このように、その設置・運用の根拠を条例で定める必要はないとしても、庁舎管理カメラの効率的かつ適正な運営の観点から、また、プライバシー保護の観点から、春日市や那珂川市のように設置・運用についての自主規制をルールで定め、あらかじめ公表しておくことが適切です。

2　庁舎管理カメラ設置・運用と比例原則

庁舎管理権の行使は、公権力の行使という性格を有することから、当然に比例原則に適ったものでなければなりません。この点は、防犯カメラ条例の場合とかわることはありません。

次の白岡市や那珂川市の庁舎管理カメラ要綱でも比例原則に沿った自主規制の内容が定められています。

白岡市庁舎防犯カメラの設置及び運用に関する要綱

（防犯カメラの設置等）

第5条　市長は、庁舎内で防犯効果が高いと思われる場所に防犯カメラを設置するとともに、市民等の権利利益保護のため、防犯カメラの撮影区域を**設置目的の達成に必要最小限の範囲となるように調整しなければならない。**

(2)　原・前掲注(1)239頁は、「庁舎管理者は、庁舎本来の目的にてらし、必要かつ合理的な範囲に限り、ある程度、庁舎の保全又は秩序維持のために、必ずしも、法律の根拠に基づくことなく、庁舎管理権に基づき、利用者の自由を規制することも、条理上、当然に認められるのではないかとおもう」としている。

(3)　松本・前掲第4章注(8)196頁参照。

那珂川市庁舎における防犯カメラの設置及び運用に関する要綱3条

3　防犯カメラの設置台数は、**目的達成のために必要最小限の台数とする。**

なお、次の嬉野市防犯設備の設置及び管理に関する条例のように、施設管理カメラについて、比例原則に沿った自主規制の内容を条例で定める例もあります。これは、個人の容貌・姿態についての情報は、個人の人格の象徴にかかわるものであり、かつ、アイデンティティーの中核的部分を形成するプライバシー情報であることに鑑み、自主規制の内容も民主的コントロールのもとに置くべきであるという考えに基づくものです。

嬉野市防犯設備の設置及び管理に関する条例

（目的）

第1条　この条例は、嬉野市が市の施設等に設置する防犯設備の適正な設置及び管理に必要な事項を定めることにより、個人情報に係る市民の権利利益を保護することを目的とする。

（定義）

第2条　この条例において、次の各号に掲げる用語の意義は、当該各号に定めるところによる。

⑴　市の施設　市が管理する施設（契約によりその業務を委託するものを含む。）をいう。

⑵　防犯設備　防犯を目的として特定の場所に継続的に設置する防犯カメラ（撮影機、画像表示装置、録画装置及びそれらを結合する専用回線をいう。）及び通話録音装置（録音装置及び音声再生装置をいう。）をいう。

⑶　画像等　防犯設備によって記録された画像及び音声をいう。

⑷　本人　防犯設備の設置目的により保存及び複製された画像等において、特定・識別できる個人をいう。

（適用除外）

第3条　この条例に基づく画像等であって、設置目的以外の目的に利用若しくは提供又は複製しないもので、かつ、記録された日から7日以内に消去するものについては、嬉野市情報公開条例（平成26年嬉野市条例第33号）及び嬉野市個人情報保護条例（平成21年嬉野市条例第21号）の規定は、適用しない。

（防犯設備の設置及び画像等の取扱い）

第４条 防犯設備の設置に当たっては、あらかじめその設置の場所及び箇所を明示し、かつ、嬉野市公告式規則（平成18年嬉野市規則第１号）第２条の規定により公表しなければならない。

２ 画像等は、次に掲げる場合を除くほか、設置目的以外の目的に利用し、若しくは提供し、又は複製及び保存（前条に規定する期間を経過して保有することをいう。）してはならない。

⑴ 本人の同意がある場合

⑵ 法令に基づく場合

⑶ 市民等の生命、身体又は財産に対する危険を避けるため、緊急やむを得ないと認められる場合

３ 画像等は、防犯設備の設置目的の達成に必要な範囲内で正確な内容を保たなければならない。

４ 画像等の取扱いに当たっては、漏えい、滅失又はき損の防止その他の安全管理のため、責任者を置き、施錠のできる保管庫等に画像等の記録媒体を保管・管理しなければならない。

５ 次に掲げる事項については、規則で定める。

⑴ 防犯設備の設置目的及び撮影又は録音対象に関する事項

⑵ 防犯設備の設置場所及び運用に関する事項

⑶ 画像等の取扱いの制限に関する事項

⑷ 法令の規定に基づき画像等の他の機関等への提供をした場合の本人への通知に関する事項

⑸ 画像等の安全管理に関する事項

⑹ 画像等の保存期間に関する事項

⑺ 記録媒体の廃棄方法に関する事項

⑻ 防犯設備の設置、画像等の取扱い等に関する苦情処理

⑼ 前各号に掲げるもののほか、防犯設備等の適正な設置及び管理運用に必要な事項

3　庁舎管理カメラ設置・運用と改正個人情報保護法

改正個人情報保護法は、令和５年４月１日より、自治体が保有する個人情報保護に関しても適用されることになります。これにより、庁舎管理カメラの設置・運用により収集される個人の容貌・姿態や行動に関する個人情報の取扱いについても、当然に改正個人情報保護法の対象となります。

よって、次の那珂川市の例のように、個人情報の取扱いについては個人情報保護条例による旨を定めている場合には、改正が必要になります。

那珂川市庁舎における防犯カメラの設置及び運用に関する要綱

（個人情報の開示）

第８条　本人から、当該本人が識別され、又は識別され得る画像の開示を求められた場合は、**那珂川市個人情報保護条例**（平成９年条例第17号。以下「条例」という。）**の該当規定に基づき処理するものとする。**

ところで、庁舎における秩序維持や犯罪防止のため設置・運用される庁舎管理カメラにより収集される個人情報の取扱いについて、次の那珂川市の例に見られるよう、目的外利用や第三者提供制限について、独自のルールが定められている場合があります。

那珂川市庁舎における防犯カメラの設置及び運用に関する要綱

（画像データ等の外部提供）

第９条　記録された画像は、設置目的以外の目的のために利用しないものとする。ただし管理責任者は、条例第５条第１項に定めるもののほか、法令に基づき国又は地方公共団体が設置した捜査機関から犯罪捜査の目的による申請を受けたときは、那珂川市防犯カメラ画像閲覧・提供決定通知書（別記様式）により通知し、画像及び記憶媒体の情報を第三者に提供することができる。

これまでは、個人情報保護条例とは異なる内容を庁舎管理カメラ要綱で定めることも、同じ自治体の規範ということで可能と解される場合もありました。しかし、改正個人情報保護法が適用される令和5年4月1日以後は、庁舎管理カメラにより収集される個人情報も含め個人情報全般が改正個人情報保護法の適用対象となります。そのため、庁舎管理カメラ要綱においても、画像個人情報に関し、改正個人情報保護法とは異なる定めをすることができるかどうかについて検討する必要があります。この点に関しては、自主規制型防犯カメラ条例のところ（第5章第2）で解説しているので、そちらを参照してください。

第3　公の施設管理カメラ

1　公の施設管理カメラ設置・運用とその根拠

次に、公の施設管理カメラの設置・運用により、個人の容貌・姿態や行動に関する情報を収集する場合、その根拠を条例で定める必要があるかどうかについて検討しましょう。公の施設とは住民の福祉を増進する目的をもって住民の利用に供するために自治体が設ける施設です（自治法244条）。

公の施設については、庁舎のように公用に供するものではないので、その性格上、「庁舎管理権」の理論を当てはめることはできません。他方で、公の施設を、自治体が統治団体としてではなく、**民間部門の施設管理者と同じ立場、すなわち、所有権などの私法上の管理権に基づき**、私的閉鎖空間の安全な管理を目的として、公の施設管理カメラを設置・運用するのであれば、当該設置・運用について、条例でその根拠を定める必要はありません。

なお、公の施設の設置および管理に関する事項については、庁舎の場合とは異なり、条例事項とされています（自治法244条の2第1項）。このため、公の施設管理カメラの設置・運用が「管理に関する事項」に該当する場合には、これを条例で定める必要があるということになります。しかし、「公の施設の管理に関する事項」とは、施設利用の許可およびその取消し、使用料の額および徴収方法、使用料の減免、利用制限、指定管理者に関する事項、過料の徴収など住民が施設利用をする際の重要事項です[4]。よって、公の施設管理カメラの設置・運用のように施設の物的管理に当たってどのような機器類を使用するかといった対住民性を有しない事項は、自治法244条の２第１項にいう「管理に関する事項」には該当しないと解されます。

以上から、公の施設管理カメラの設置・運用の根拠を条例で定める必要はありません。ただし、公の施設管理カメラの効率的かつ適正な運用の観点から、また、プライバシー保護の観点から、これについてのルールを定め、あらかじめ公表しておくことが適切です。

2　公の施設管理カメラの設置・運用と比例原則

公の施設の管理は、物的管理だけではなく、公権力の行使の側面も有します。そこで、その管理権の行使に当たっては当然に比例原則に適ったものでなければなりません。この点は、自主規制型防犯カメラ要綱のところで解説したとおりです（第４章第２）。次の北本市の要綱においても比例原則に沿った自主規制の内容が定められています。

北本市公共施設防犯カメラの設置及び運用に関する要綱

（防犯カメラ等の設置に係る措置）

第４条　市長は、防犯カメラ等の設置に当たっては、次に掲げる措置を講ずるものとする。

(1)　**プライバシーの保護に配慮し、公共施設における犯罪等を予防するために必要な撮影範囲を限定すること。**

(2)　防犯カメラの撮影対象区域の見やすい場所に、防犯カメラを設置している旨を表示すること。

(3)　画像を表示する装置及び画像を録画する装置を設置する場所は、防犯カメラ管理責任者、防犯カメラ取扱担当者その他防犯カメラ管理責任者の許可を得た者以外の立入りを禁止すること。

(4)　松本・前掲第4章注(8)1110頁参照。

3 公の施設管理カメラの設置・運用と改正個人情報保護法

改正個人情報保護法は、令和５年４月１日より、自治体が保有する個人情報についても適用されることになります。これにより、公の施設管理カメラの設置・運用により収集される個人情報の取扱いについても、当然に改正個人情報保護法の対象となります。

よって、次の富加町の例のように公の施設管理カメラの設置・運用に関する要綱で個人情報の取扱いについては各自治体の個人情報保護条例による旨を定めている場合には、改正が必要になります。

富加町公共施設等防犯カメラ設置要綱

（画像の取扱い）

第５条 画像は、運用責任者及び運用従事者に限り取り扱うことができる。

２ 運用責任者及び運用従事者は、画像から得られた**個人情報を富加町個人情報保護条例**（平成15年12月16日条例第19号）**に基づき、適正に取り扱わなければならない。**

ところで、公の施設の維持管理のため設置・運用される公の施設管理カメラにより収集された個人情報の取扱いについて、次の富加町の例に見られるように、当該自治体の個人情報保護条例に定められている目的外利用や外部提供の制限について、独自のルールが定められている場合があります。

富加町公共施設等防犯カメラ設置要綱

（画像の目的外利用及び提供の禁止）

第６条 画像は、防犯カメラ設置の目的以外の目的に使用し、又は第三者に提供してはならない。ただし、警察等からの法令に基づく手続きにより照会等のあった場合は、この限りでない。

これまで、個人情報保護条例とは異なる内容を公の施設管理カメラ要綱で定めることも、同じ自治体の規範ということで可能な場合もありました。しかし、改正個人情報保護法が適用される令和５年４月１日以降は、公の施設管理カメラで収集される個人情報も含め個人情報全般が改正個人情報保護法の適用対象となります。そのため、公の施設管理カメラ要綱においても、画像個人情報に関し、自主規制型防犯カメラ条例の場合と同様に、改正個人情報保護法とは異なる定めをすることができるかどうかについて検討する必要があります。この点に関しては、自主規制型防犯カメラ条例のところで解説しているので、そちらを参照してください（第５章第２）。

第４　民間部門が設置・運用する施設管理カメラに対する規制

複合規制型防犯カメラ条例の中には、民間部門の事業者が設置・運営する施設管理カメラを規制対象としているものがあります。たとえば、次の杉並区防犯カメラ条例がこのタイプに該当します。

杉並区防犯カメラの設置及び利用に関する条例

（設置利用基準の届出）

第４条　次に掲げるものが、道路、公園**その他規則で定める多数の者が来集する場所**に防犯カメラを設置しようとする場合には、規則で定めるところにより、防犯対象区域その他の防犯カメラの設置及び利用に関する基準を定め、これを区長に届け出なければならない。届出の内容を変更しようとするときも、同様とする。

〈以下略〉

杉並区防犯カメラの設置及び利用に関する条例施行規則

（多数の者が来集する場所）

第３条　条例第４条前段の規則で定める多数の者が来集する場所は、次に掲げる場所とする。

⑴　鉄道の駅のコンコース（自由通路の部分に限る。）

⑵　**一の建物**（一の建物として大規模小売店舗立地法施行令（平成10年

> 政令第327号）で定めるものを含む。）**であって、その建物内の小売業**（物品加工修理業を含む。以下同じ。）**及び飲食店業を行うための店舗の用に供される床面積の合計が3,000平方メートルを超える施設**
>
> ⑶ **興行場法**（昭和23年法律第137号）**第1条第1項に規定する施設であって、入場者定員500人以上のもの**
>
> 〈⑷から⑼まで略〉

民間部門の事業者が管理する商業施設、遊興施設など不特定多数の人が利用する私的管理空間を撮影対象とする施設管理カメラについても、住民のプライバシー保護を目的として規制対象とすることは可能です。こうした私的管理空間を撮影対象として設置される施設管理カメラは、施設の秩序維持を主な目的とするものですが、その管理については、施設管理者が所有権など私法上の権利に基づく広い裁量[5]を有します。このため、私的管理空間を対象として設置・運用される防犯カメラに対する規制については、立法事実の有無を十分検討したうえで、対応する必要があります。

なお、施設管理者に広い裁量があるからといって、民間部門の施設管理者による施設管理カメラの設置・運用がなんら制約なく行えるわけではありません。施設管理カメラは、個人の容貌・姿態や行動に関する情報を本人の同意なく収集する場合もあるわけですから、その設置・運用に当っては、当然一定の要件を満たすことが必要になります。この点に関し、参考になる裁判例があります。コンビニ防犯カメラ事件名古屋地裁判決[6]です。同判決は、コンビニエンスストア内における防犯カメラの撮影・録画が顧客の肖像権を違法に侵害するか否かなどが争点となった事件についての判断です。

⑸ コンビニ店内における防犯カメラの撮影及び録画が顧客の肖像権を違法に侵害するか否かが争点となった事件において名古屋地判平成16・7・16判時1874号107頁は、来店した客及び従業員等の生命、身体の安全を確保し、また、その財産を守るため、当該商店の置かれた諸事情を勘案した上で、商店の経営者はどのような措置を採るかにつき広範な裁量権を有するとする。

⑹ 名古屋地判・前掲注⑸。同判決の控訴審である名古屋高判平成17・3・30（裁判所ウェブサイト）も名古屋地裁判決を支持する。

同判決は、コンビニエンスストアにおけるビデオカメラの撮影、録画の違法性は、**撮影目的の相当性および必要性、撮影方法の相当性等を考慮して判断するのが相当である**としました。そのうえで、同判決は、①ビデオカメラを設置し、その映像を録画する目的は、本件コンビニエンスストア内で発生する可能性のある万引きおよび強盗等の犯罪ならびに事故に対処するものであること、②犯罪の中でも万引きについて、犯行後に判明することが少なくないことからビデオテープに録画し、これを一定期間保管しておくことの必要性のあること、③コンビニエンスストアの置かれている状況など、を考慮すると**目的において相当であり、必要性を有する**ものであるとしています。

さらに、④ビデオカメラは6台であり、そのうち、3台はレジスター周辺を、2台は入り口を、1台は倉庫の入り口辺りを、それぞれ撮影しており、いずれも客の目に触れうる状況に置かれていること、⑤ビデオカメラは、店内の上部に固定され、それぞれの撮影可能区域に入った客を撮影するものとなっており、特定の客を追跡して撮影するようなものではないこと、⑥本件コンビニエンスストアの2か所ある入り口の1か所付近に、「特別警戒中ビデオ画像電送システム稼働中」との掲示がされていること、⑦録画したビデオテープは、被告によって1週間後に上書き録画され、定期的に消去されていることなど、から**本件コンビニエンスストアにおけるビデオカメラの撮影方法および録画したビデオテープの管理についても、相当なものである**としています。

第5 自治体が経営するバス・地下鉄に設置されるビデオカメラシステムによる画像個人情報の収集

近年、バスや地下鉄といった公共交通機関内で殺傷事件などの凶悪な犯罪が発生していることから、運行管理者である自治体がバスや地下鉄にビデオカメラシステムの設置を進めています。こうしたビデオカメラシステムによる撮影・録画は自治体が地域の統治主体として設置するものではなく、民間部門のバス・鉄道事業者と同様に、運送契約に基づき利用者の安全配慮義務を負う運行管理者の立場で行うものである限り、公の施設管理カメラと同様に、その設置・運用の根拠を条例に置く必要はないと解されます。

第6　公用車搭載のドライブレコーダーによる画像個人情報の収集

自治体が所有または管理する公用車に**ドライブレコーダー**を搭載する自治体が増えてきています。こうしたドライブレコーダーでは、走行する公用車周辺の公共空間を撮影対象とするため、個人情報も収集される場合もあります。こうしたドライブレコーダーの設置・運用についても、防犯カメラと同様、条例にその根拠を置くべきかどうかが問題となります。

自治体が、次のたつの市の例のように、**民間部門と同様の立場で、**公用車の事故に伴うトラブルを早期に解決する目的で撮影・録画を行うのであれば、その設置・運用の根拠を条例に置く必要は、ないと解されます。

たつの市公用車ドライブレコーダーの設置及び管理運用に関する要綱

（趣旨）

第１条　この告示は、**職員の安全運転意識の向上並びに交通事故発生時における責任の明確化及び処理の迅速化を図るため**、本市が公用車にドライブレコーダーを設置するに当たり、その管理運用について必要な事項を定める。

他方、統治団体として、地域の安全安心なまちづくりを推進する目的のため、公共空間を撮影対象として継続的に画像個人情報を収集するのであれば、**動く防犯カメラ**として、自治体が設置・運用する防犯カメラと同様にその設置・運用の根拠を条例に置くことが適切です（第４章第１）。

最終章　自治体防犯カメラの法政策への提言

第1　適正かつ合理的な法政策の展開に向けて

1　自主規制型防犯カメラ要綱と自主規制型防犯カメラ条例の課題

防犯カメラの有用性については、様々な議論があるものの、昨今の深刻な犯罪事情や住民の安全安心の推進という観点からすると積極的に評価されるべきです[(1)]。本書ではこうした観点から、自主規制型防犯カメラ要綱、自主規制型防犯カメラ条例、民間部門対応型防犯カメラガイドライン、民間部門規制型防犯カメラ条例、複合対応型防犯カメラガイドライン、複合規制型防犯カメラ条例といった自治体の法政策について、その現状を明らかにするとともに、改正個人情報保護法への対応を含めた問題点や課題、そして、その処方箋について解説してきました。本章では、その総括を行います。

まず、自治体自身が設置する防犯カメラの自主規制についてです。現在、ほとんどの自治体が条例ではなく要綱などの行政規則により自主規制の内容を定めています。これは、公共空間における個人の容貌・姿態や行動に関する情報は、そもそもプライバシーとして保護の対象にはならない、あるいは、プライバシーとして保護の対象となるとしても、公共空間においては、要保護性が極めて低い、もしくは、そうした保護を受けるべき権利を放棄している、といった理解に基づくものです。こうした理解のもとでは、防犯カメラの設置・運用によってプライバシー権が制限されることにはならないので、条例でその根拠を定める必要はないという結論になります。

---

(1)　国家公安員会＝警察庁共編『平成30年度版 警察白書』106頁は、初動捜査における客観証拠の収集として防犯カメラ画像の有用性の高さが認識されているとする。さらに、同共編『令和３年度版 警察白書』126頁は、被害の防止や犯罪捜査発生時の的確な対応に有効であるとしている。

しかしながら、**公共空間であれば当該空間における個人の容貌・姿態や行動に関する情報は、当然に、保護を一切受けない、あるいは要保護性が低いということにはなりません。**仮に、そうした保護を期待していないとしても、同じ公共空間を共有する一般の私人間限りということがほとんどでしょう。このため、地域の統治主体である自治体に対し、容貌・姿態や行動に関する情報を電子機器である防犯カメラにより収集され録画のうえ一定期間保管されることまで許容している人はわずかといえます。

以上のように考えると、防犯カメラの設置・運用は個人の容貌・姿態や行動に関する情報（＝プライバシー情報）を本人の同意なく地域の統治主体である自治体が収集することになるという前提に立ち、法律による行政の原理および自治法14条２項の定めるところにより条例にその根拠を置くことが適切であるといえます。なお、防犯カメラ条例を制定する自治体にあっては、防犯カメラの設置および運用の基準などの自主規制に関する定め（＝規制規範）があれば、わざわざ設置・運用の根拠を条例に置く必要はないと考える団体もあります。しかし、**規制規範と根拠規範はその法的性格を異にするため、規制規範の定めをもって、防犯カメラの設置・運用の根拠規範を兼ねると解することは適切とはいえません。**立法法務の基本原則にたちもどって、条例に防犯カメラの設置・運用の根拠を置くべきでしょう。

また、**防犯カメラの法政策を民主的コントロールのもとで行う**という観点から、防犯カメラの設置・運用の根拠だけではなく、撮影場所、台数、撮影範囲等を必要最小限のものとするといった比例原則に沿った自主規制の内容についても条例で定めることが適切です。

さらに、自主規制型防犯カメラ要綱、自主規制型防犯カメラ条例のいずれであっても改正個人情報保護法の適用を踏まえ、同法に抵触する規定の改正などに早急に対応する必要があります。

2　民間部門対応型防犯カメラガイドラインの課題

民間部門対応型防犯カメラガイドラインは、その設置・運用に関し一定の義務を課す民間部門規制型防犯カメラ条例や複合規制型防犯カメラ条例とは異なり、活動の指針を示すものです。

こうしたガイドライン方式は、防犯のための社会インフラである防犯カメラの設置・運用について法的義務を設定せず、プライバシーの保護の目的を達成するための緩やかな手法といえます。

なお、ガイドラインの内容が改正個人情報保護法に抵触しないように対応する必要があります。

3　民間部門規制型防犯カメラ条例の課題

民間部門規制型防犯カメラ条例は、民間部門の防犯カメラの設置・運用に対し法的義務を課すものです。よって、このタイプの法政策では、**自治法14条2項により義務の内容を条例で定めることが必要です。**

防犯カメラの設置・運用に関し法的義務を課すことは、民間部門における事業活動の自由に一定の制限を加えることにつながります。また、法的義務を課すことにより防犯のための社会インフラともいえる防犯カメラの設置・運用に対する消極的モチベーションにつながりかねません。現実の立案に際しては、立法事実を慎重に検討し、対象とする民間部門の防犯カメラの範囲と規制の手法を決定すべきでしょう。

なお、民間部門規制型防犯カメラ条例では、民間部門が収集した画像個人情報の取扱いに関し、改正個人情報保護法に定める内容と競合する部分が少なくありません。**当該競合部分が改正個人情報保護法に抵触しないかどうか、慎重に検討する必要があります。**

4　複合対応型防犯カメラガイドラインの課題

複合対応型防犯カメラガイドラインは、自治体などの公的機関が設置・運用する防犯カメラのガイドラインと民間部門対応型防犯カメラガイドラインとのハイブリッドタイプです。このタイプのガイドラインは、自治体などの公的機関が設置・運用する防犯カメラとそれ以外の民間部門が設置する防犯カメラの設置・運用について質的な区別をせず、対応するところに特徴があります。

複合型防犯カメラガイドラインのうち、自治体が設置・運用する防犯カメラに関しては、法律による行政の原理および自治法14条２項の定めるところにより、その根拠を条例に置くことが適切である旨を盛り込むことが必要です（第４章、第５章）。また、民間部門が設置・運用する防犯カメラの部分については、改正個人情報保護に抵触する部分がないかどうか確認することが必要です。

5　複合規制型防犯カメラ条例の課題

(1)　根拠規定についての課題

複合規制型防犯カメラ条例は、自治体自らが設置・運用する防犯カメラと民間部門が設置・運用する防犯カメラを規制対象とするものです。複合規制型防犯カメラ条例は、自治体自らが設置・運用する防犯カメラと民間部門が設置する防犯カメラの設置・運用について質的な区別をせず、同様の内容を定めているところに特徴があります。

このうち、自治体自らが設置・運用する防犯カメラに係る部分は、地域の統治主体である自治体が本人の同意なく、公共空間における防犯カメラの設置により画像個人情報を収集することから、法律による行政の原理および自治法14条２項の定めるところにより条例に設置・運用の根拠を置くことが適切です。この点は、自主規制型防犯カメラ要綱のところで説明した内容と異なるものではありません（第４章第１）。

なお、次の栃木市防犯カメラ条例は、他の複合規制型防犯カメラ条例とは異なり、同市が設置・運用する防犯カメラについてはその根拠を条例に置いており、法律による行政の原理に忠実な立法政策をとっています。

栃木市防犯カメラの設置及び運用に関する条例

（市が設置する防犯カメラの取扱い）

第15条　市は、第4条各号に掲げる事項を定めて、防犯カメラを設置することができる。

2　市が設置する防犯カメラの管理及び運用については、第5条から第9条までの規定を準用する。この場合において、第5条及び第8条中「設置者」とあるのは「市」と、第9条中「設置者、管理責任者及び取扱者（以下「設置者等」という。）」とあるのは「市、管理責任者及び取扱者」と読み替えるものとする。

3　前項の規定により読み替えて準用する第5条から第9条までの規定に定めるもののほか、画像データの取扱いについては、栃木市個人情報保護条例（平成22年栃木市条例第21号）の定めるところによる。

⑵　規制レベルについての課題

次に、複合規制型防犯カメラ条例においては、自治体自らが設置・運用する防犯カメラと民間部門が設置・運用する防犯カメラに対する規制レベルが同じとなっていますが、これでよいのかという問題があります。

すなわち、地域の統治団体たる自治体が設置・運用する防犯カメラについては、比例原則の観点から、民間部門が設置・運用するものより、高いレベルで自主規制がなされる必要があるからです[(2)]。しかし、

⑵　山本未來「行政調査としての防犯カメラとプライバシー保護―杉並区防犯カメラの設置及び利用に関する条例制定を契機として―」明治学院大学法科大学院ローレビュー1巻2号（2005年）44頁注⒀は、次のように述べて、自治体が設置・運用する防犯カメラについては、別の条例を制定するなどによる対応が望まれるとする。すなわち、「杉並区防犯カメラ条例においては、行政機関と一定規模の民間施設の防犯カメラ設置者を同様に対象としており、その内容は、努力義務規定や映像の保存期間等については設置者に委ねるなど、概してより緩やかな規定が多い。しかしながら、より高い実効性を確保するため、別条例を制定し（あるいは同じ条例中であっても）、行政機関には、透明性・明確性確保のために厳格な規定を適用し、民間の設置者には可能な範囲内での規定の適用とすることが今後は期待される」とする。

複合規制型防犯カメラ条例では、民間部門が設置するものと同様の規制レベルにとどまっています。

⑶ 複合規制型条例から自主規制型条例と民間部門規制型条例の二本立てへ

複合規制型防犯カメラ条例は、自主規制型防犯カメラ条例と民間部門規制型防犯カメラ条例を一本の条例で定めるものであることから、根拠規定および規制レベルの課題をクリアする条例を立案する場合には、かなり複雑な内容とならざるを得ません。

そこで、自治体自らが設置・運用する防犯カメラについては、まずは自主規制型防犯カメラ条例を制定します。そのうえで、民間部門が設置・運用する防犯カメラに対する規制を必要とする立法事実が存在するのであれば、民間部門規制型防犯カメラ条例も単独で制定するという二本立ての法政策を推奨します。

第2 今後の課題

防犯カメラを設置して行う防犯活動は、そもそも、自治体ではなく警察が行うべきであるという考えもありますが、地域を最も知る、人的リソースや豊かな地域ネットワークを有する市町村が中心となって警察との協働により、地域の防犯において中心的役割を担うことは、何より重要であるといえます。

また、自治体が設置・運用する防犯カメラは、犯罪捜査における証拠保全の道具にすぎないとの消極的意見もあります。しかし、警察への情報提供が予定されているがゆえに、防犯カメラシステムの威嚇防犯効果が高まり、犯罪の早期解決につながるのですから、安全安心な

⑶ 三宅孝之「監視・防犯カメラと犯罪予防」島大法学59巻1号（2015年）82頁は、「個人のプライバシー権、自己情報コントロール権、肖像権が、『公共の福祉』等によって、制約を受ける場合があるとすれば、条例に委ねるより法律によることのほうが望ましいであろう」とし、全国的統一の設置、運用の基準を法律で定めることが必要であるとする。

まちづくりの推進に資するといえます。

さらに、自治体自ら設置・運用する防犯カメラに対する規制については、国法で全国一律に定めるべきであるとする主張もあります(3)。しかし、地域によって防犯事情、犯罪事情が異なり、また、自治体における安全安心に対する意識も同じではないことから、その設置・運用の必要性も同一とはいえません。また、地域の安全安心を確保することは、本来的に自治体の事務であるといえます。よって、自治体が地域における安全安心なまちづくりを推進するために防犯カメラを設置・運用するのであれば、法律で全国一律に規制するのではなく、地域の実情に応じて条例で規制内容を定めることが合理的であるといえます。

なお、民間部門が設置・運用する防犯カメラに対する規制についても、地域の実情によって、住民のプライバシー保護の必要性などが異なることから、必ずしも同一内容であるべきとはいえません。よって自治体が地域の実情に応じて民間部門が設置する防犯カメラに対する規制内容を条例で定めることが望ましいといえます(4)。

現在、自治体では、様々なビデオカメラシステムが、地域における安全安心なまちづくりの推進といった目的だけではなく、防災目的や福祉目的などでも活用されています。しかし、各ビデオカメラシステムが、どのような規範を根拠に運用され、収集された画像データがどのように保管されているのかについてその全容を把握している自治体は多くないと思います。自治体には、自らが活用するビデオカメラシステム全般について、総合的かつ体系的な整理を行ったうえで、これらのビデオカメラシステムを効率的かつ有機的に活用するため、必要なルールを総合的かつ体系的に整備することが求められています。

---

(4) 岡田安功「民間部門における監視カメラの手続的統制」法学新報121巻11・12号（2015年）706頁は、「私人が設置した監視カメラに公的機関が関与する場合、市区町村のような住民に一番近い地方公共団体が条例で監視カメラの設置と運用を統制する仕組みを作ることが望ましい」とする。

補　論　防犯カメラ条例試案

第１　立案準備の基本

現実の公共的課題の解決に当たっては、直ちに新たな法政策の立案[1]を検討するのではなく、まず、現行法の法政策の運用や解釈の変更で目的を達することができないかどうかを検討しなければなりません。なぜなら、現行の法政策や組織で解決できるにもかかわらず新たな法政策を立案するのでは、既存の行政資源を有効活用できないからです。自治体は、その事務を処理するに当たっては、住民の福祉の増進に努めるとともに、最少の経費で最大の効果を挙げるようにしなければならないのです（自治法２条14項）。

現行の法政策での対応が困難であると判断した場合には、新たな法政策を立案して対処することになります。この場合には、まず、人の自由や行動を制限しない指導、勧告といった非規制的な行政手法を用いて問題を解決することができないかどうか検討します。ただし、人の生命や財産といった重要な法益に対する保護の必要性が高い場合には、不作為義務や作為義務の設定などの**規制的手法**による法政策の立案を検討すべきです[2]。もっとも、こうした場合であっても、現実の法政策では、規制的手法に加え非規制的手法が併用されることが少なくありません。

立案の方向性が明らかになった場合には、同種の法政策を既に実施している自治体を訪問してヒアリング調査を行います。訪問自治体でのヒアリング調査においては、当該法政策の立案の経緯、執行体制、現状と課題、立案の際に参考とした他の法政策はもとより、議会、関

---

(1)　法政策の立案に当たっては、石毛正純『自治立法要綱』（ぎょうせい、2018年）、同『法制執務詳解〔新版Ⅲ〕』（ぎょうせい、2020年）が参考になる。
(2)　規制的手法については、宇那木・前掲第５章注(11)168頁以下参照。

係団体への対応等についての調査書をあらかじめ送付し[3]、当該調査事項について回答を得たうえで訪問するとよいでしょう。

訪問によるヒアリング調査を行うことにより、担当者との人的関係の構築が容易になります。また、「ここだけの話」といった貴重な情報を得られることもあります。さらに、複数の自治体を訪問することで、関係自治体間におけるネットワークを構築することも可能です。筆者も経験があるのですが、直接訪問して得られる知見は、調査書という書面交換のみで得られるものとは比較になりません。また、通常は同規模の自治体における法政策を参考にすることが多いのですが、規模の異なる自治体の法政策においても参考にすべき点は少なくありません。特に、最新のものは、過去の同種の法政策を参考にして立案され、バージョンアップされた完成度の高いものになっていることが期待できます。

本書では、自治体と民間部門が設置・運用する防犯カメラ双方を規制対象とする場合には、複合規制型防犯カメラ条例といった単一条例ではなく、**自主規制型条例および民間部門規制型防犯カメラ条例による二本立てで条例を制定することを推奨しています**（前章第1・5(3)）。よって、ここでは、自治体における防犯カメラの法政策の基本となる自主規制型防犯カメラ条例試案を提示するとともに、別立てとして、民間部門規制型防犯カメラ条例の試案も示します。

第2　自主規制型防犯カメラ条例試案

1　自主規制型防犯カメラ条例の立案ポイント

自主規制型防犯カメラ条例の立案では、まずは、防犯カメラの設置・運用の根拠となる規定を置くこと、そして比例原則に沿って、①防犯カメラの設置要件、②収集した画像個人情報の保管、処分等のプロセ

---

(3)　調査に当たっては、調査書の電子ファイルを送付しておくと、電子ファイルでの回答を得ることができる。後日、情報を整理する上で有益である。

スといった自主規制の内容について適切に定めることがポイントになります。

2　自主規制型防犯カメラ条例試案

【○○市防犯カメラ設置及び運用に関する条例】

（目的）

第1条　この条例は、本市が公共の場所に設置し、及び運用する防犯カメラに関し必要な事項を定めることにより、市民等の権利利益の保護に配慮しつつ、犯罪のない安全安心なまちづくりの推進を図ることを目的とする。

【第1条のポイント】

目的規定は、条例の最重要部分です。目的および目的達成の手段を明確かつ簡潔に書くことが求められます。

目的規定は、目的達成のために必要な手段を掲げ、そのあとに目的を規定するパターンが基本となります。「……することにより（措置を講ずることにより）、……することを目的とする」、あるいは、「……することにより、……を図り、もって、……することを目的とする」というのが代表的な目的規定のパターンです[(4)]。

（定義）

第2条　この条例において、次の各号に掲げる用語の意義は、それぞれ当該各号に定めるところによる。

(1)　防犯カメラ　犯罪の予防又はその早期解決を目的として公共の場所を継続的に撮影するため市が設置する撮影装置及び

(4)　目的規定の書き方のパターンについては、宇那木・前掲第5章注(11)272頁以下参照。

画像記録装置並びにこれらと電気通信回線を通じて接続される情報機器その他必要な関連機器で構成される一体的システム（専ら市の施設の管理又は防災を目的として設置するものを除く。）をいう。

(2) 公共の場所　道路、公園その他規則で定める不特定多数の者が自由に通行し、又は、利用する場所（建物内またはこれに準ずる空間を除く。）をいう。

(3) 画像データ　画像記録装置により記録された電磁的記録（電子的方式、磁気的方式その他人の知覚によっては認識することができない方式で作られる記録）であって、画像表示装置を用いて表示できるものをいう。

(4) 画像個人情報　画像データのうち、特定の個人が識別され、又は識別されうる情報をいう。

(5) 市民等　市内に住所を有する者、通勤、通学等により市内に滞在する者及び市内を通過する者をいう。

【第２条のポイント】

条例の適用範囲や対象を明確にするため、条例に使用されるキーワードを的確に定義付けすることが必要です。特に「防犯カメラ」、「公共の場所」および「画像個人情報」の定義は重要です。

（基本原則）

第３条　市長は、市民等がその容貌及び姿態をみだりに撮影されない権利を有することに鑑み、防犯カメラの設置及び運用に当たっては、十分な配慮をしなければならない。

【第３条のポイント】

防犯カメラ条例の設置・運用は、この基本原則のもとに行います。

基本原則は、目的規定とともに条例の解釈および運用のための重要な指針であり、条例の精神ともいえます。

条文を解釈する際、文言上、複数の解釈が成り立つ場合があります。この場合、条例の目的や基本原則に適った解釈をしなければなりません。

（防犯カメラの設置等）

第4条 市長は、犯罪の予防又はその早期解決その他市民等の生活の安全の確保を目的として、公共の場所に防犯カメラを設置し、撮影し、及び録画することができる。

【第4条のポイント】

防犯カメラの設置・運用を適法に行うために、法律による行政の原則および自治法14条2項の定めるところにより、その設置・運用の根拠となる規定を置きます（第4章第1）。

（設置者の義務）

第5条 市長は、前条の規定により防犯カメラを設置する場合には、次の各号に掲げる事項を遵守しなければならない。

(1) 防犯カメラの設置台数は、必要最小限とすること。

(2) 防犯カメラの撮影対象範囲は、公共の場所の中に収まるよう調整すること。

(3) 防犯カメラの設置場所付近の見やすい場所に、当該防犯カメラが作動中である旨並びに次条の管理者等及びその連絡先を分かりやすく表示すること。

2 市長は、防犯カメラを設置する際、設置場所、設置台数、作動時間、撮影装置及び記録装置の機能、閲覧装置の有無及びその機能、撮影装置のネットワーク化の状況その他規則で定める事項について、あらかじめ公示するものとする。

【第５条のポイント】

比例原則の観点から、防犯カメラの設置の際に設置者である市長が講じなければならない義務について定めます。具体的には、防犯カメラの設置台数を最小限の台数にすることなどです（第４章第２、第５章第３・４）。

また、市民等には、撮影回避についての選択権を与え、苦情申立てに係るアクセス権の行使を容易にするために、当該防犯カメラが作動中である旨ならびに管理者等およびその連絡先の表示義務を定めます。

さらに、防犯カメラの設置・運用に係るシステムの具体的内容について、その詳細を住民にあらかじめ周知するための義務を定めます。

（管理責任者の設置等）

第６条　市長は、防犯カメラの適正な設置及び運用並びに画像データの管理を適正に行うため、職員の中から管理責任者及び取扱者（以下「管理責任者等」という。）を任命するものとする。この場合において、取扱者は、管理責任者とは別の者でなければならない。

2　管理責任者は、防犯カメラの適正な設置及び運用並びに画像データの管理に係る事務を統括する。

3　取扱者は、管理責任者の指示に従い、防犯カメラの運用及び画像データの管理に係る事務に従事する。

4　管理責任者は、管理責任者等以外の者が、みだりに防犯カメラ操作をし、又は画像データの閲覧をすることがないよう、必要な措置を講じなければならない。

【第6条のポイント】

防犯カメラの設置・運用により、個人の容貌・姿態に関する情報だけではなく、当該個人の行動にかかわる情報も記録されます。これらの情報を適正に管理するため、責任者を定めて収集した情報の管理を行わせることが重要です。そこで、管理責任者等を任命することとし、あわせて、管理責任者等の職務上の義務についても定めます。

なお、管理責任者等が一般職に属する地方公務員の場合には、地方公務員法34条が適用されるため、特に守秘義務についての規定を置く必要はないでしょう。

（設置場所等の見直し）

第７条　市長は、３年ごとに、防犯カメラの設置目的が効果的に達成されているかどうかの観点から、設置場所、設置台数、作動時間、撮影装置及び記録装置の機能、閲覧装置の有無及びその機能、撮影装置のネットワーク化の状況その他規則で定める事項について見直すものとする。

【第７条のポイント】

地域における防犯カメラ設置・運用の必要性のレベルは、時の経過とともに変化することから、設置場所、設置台数、作動時間、撮影装置及び記録装置の機能、閲覧装置の有無及びその機能、撮影装置のネットワーク化の状況その他規則で定める事項について、見直しのための義務付け規定を置きます。

なお、「するものとする」は、行政機関に対して一定の行為を義務付ける場合によく使われます。「しなければならない」と比較すると義務付けの程度が弱いもの（行政機関に若干の裁量の余地が存在する）といえます。行政機関に対する場合であっても裁量を認めることなく義務付ける場合には「しなければならない」を使います。

（画像データの保管期間）

第８条　市長は、規則で定める期間を超えて画像データを保管してはならない。ただし、次の場合には、この限りではない。

(1)　市民等の生命、身体又は財産の保護のため必要と認められるとき。

(2)　捜査機関から犯罪捜査のため、保存の要請があったとき。

(3)　その他規則で定めるとき。

【第８条のポイント】

画像個人情報を保管する期間は、プライバシー保護の観点から、必要以上に長い時間にわたることは適切ではありません。その旨を明確にします。

なお、一般の記録装置では、２週間～３週間程度でデータの上書きがなされ、当該上書き部分は自動的に順次、消去されるようです。とはいえ、保存期間は、防犯カメラ本体や記憶媒体の性能により大きく異なることから、具体的な保管期間を条例で直接定めることは困難です。そこで、詳細は規則に委任します。

現実に委任を適法に行うためには、「規則で定めるところにより」あるいは「規則で定める」といった委任の根拠となる文言を条例に置くことが必要になります（第５章第３・８）。

（画像データの適正管理）

第９条　管理責任者等は、漏えい、紛失又はき損の防止その他の画像データの安全な管理を確保するため、次の各号に掲げる措置を講じなければならない。

(1)　画像データを記録した媒体は、施錠できる事務室内又はセキュリティの確保できる設備に保管するとともに、常にその状況を点検すること。

(2) 画像データの表示又は保存をする場合において、電気通信回線と接続している電子計算機を使用するときは、当該電子計算機に対する安全対策の措置を講ずること。

(3) 画像データを記録した媒体を廃棄する際は、粉砕処分等確実に画像データの読み出しが不可能となる方法により行うこと。

2 管理責任者等は、画像個人情報を加工してはならない。ただし、適法な請求により画像個人情報を開示し、又は、目的外の利用をし、若しくは外部に提供をする場合において、個人の画像を隠す等のため必要があるときは、この限りでない。

【第9条のポイント】

画像データの適正管理の観点から画像データの保管、廃棄等の方法について具体的に定めるとともに、画像データの加工の禁止とその例外について定めます。

(画像個人情報の取扱い)

第10条 防犯カメラにより取得した画像個人情報の取扱いについては、この条例に定めるもののほか、個人情報の保護に関する法律(平成15年法律第57号)に定めるところによる。

【第10条のポイント】

防犯カメラにより収集した画像データのうち、画像個人情報に該当するものの取扱いについては、改正個人情報保護法の定めるところによることを確認するための規定を置きます。

（苦情処理）

第11条　市民等は、防犯カメラの設置及び運用並びに画像データの収集及び取扱いに関し、市長に対して苦情を申し立てることができる。

2　市長は、市民等による前項の苦情の申立てがあったときは、それを迅速かつ適切に処理するものとする。

【第11条のポイント】

防犯カメラの設置・運用により生ずる被撮影者の不満や不安を解消するためには、その設置者へのアクセス権を保障することが必要です。こうした観点から、苦情申立権の根拠を置きます。また、あわせて、市長の対応義務についても定めます。

なお、改正個人情報保護法128条は、個人情報等の取扱いに対する苦情処理対応について、行政機関の長の努力義務を定めています（第５章第３・６）。

（委任）

第12条　この条例の施行に関し必要な事項は、規則で定める。

【第12条のポイント】

条例の施行に際し、申請書の様式などの手続的細目事項について定める場合には、特に委任の根拠規定を条例に置く必要はありません。というのも、たとえば、長の事務であれば、条例に委任の根拠を設けなくても、自治法15条１項を直接の根拠として手続的細目事項を定めることができるからです。ただ、自治体の立法慣行として、このような包括的委任の規定が置かれることが一般的です。そこで、試案でもこうした自治体の立法慣行に従い包括委任の規定を置いています

(第5章第3・8参照)。

附　則

(施行期日)

1　この条例は、令和○年○月○日から施行する。

(経過措置)

2　この条例の施行の際現に作動中の防犯カメラについては、新たに設置するものとみなして、この条例を適用する。

(条例の見直し)

3　市長は、この条例の施行後5年を経過した場合において、この条例の施行の状況を勘案し、必要があると認めるときは、この条例の規定について検討を加え、その結果に基づいて所要の措置を講ずるものとする。

【附則の意義】

条例施行に必要な施行期日、経過措置等を附則で定めます。附則とは、本則に対する付随的な部分と思われがちですが、そうではありません。本則と附則は、条例における役割分担が異なるだけであって、両者が主従の関係にあるわけではありません。必要な附則を定めなければ、本則の施行に大きな支障が生ずる場合があります。なお、附則の配列は、立法慣行上、決まっており、概ね、施行期日に関する規定→既存の関連する条例の廃止や改正についての規定→経過措置に関する規定→見直しに関する規定の順番になります。

条例は、各自治体の公告式条例（自治法16条）に定められた手続を経て施行されます。施行時期については、①公布の日から即時に施行するパターン、②一定の猶予期間をおいて施行するパターン、③条例の施行期日を規則に委任するパターンがあります。①のパターンについては、理念的な条例など権利義務についての定めがないような条例について、②のパターンについては、権利義務に関わる条例であって一定程度の周知期間が必要なものなどについて、③のパターンについては、条例施行までの必要な準備の期間などが条例制定時において明確でない場合に用いられます。

条例は、施行によってその効力が生じますが、施行期日を定めたのみでは、ある行為について、どの時点から条例を適用するのか明らかではありません。そのため、経過措置に関する規定を附則に定めることが必要になります。また、立法事実の変化に応じて見直しを義務付けることも大切です。

なお、試案にはありませんが、ある条例の制定や改廃にともなって、既存の条例を改廃する必要が生じる場合があります。こうした場合には、既存の条例の廃止は単独の廃止条例を制定してこれを行うのではなく、改廃の原因となった条例の附則において行うことが立法慣行となっています。

【附則のポイント】

自主規制型防犯カメラ条例試案では、既に準備ができていることを前提に具体的な施行日を定めています。また、条例施行日前に設置された防犯カメラについても、プライバシー保護の観点から、自主規制の対象とするために、条例を適用する内容としています。

第３　民間部門規制型防犯カメラ条例試案

1　民間部門規制型防犯カメラ条例の立案ポイント

民間部門規制型防犯カメラ条例では、民間部門が設置・運用する防犯カメラについて、どの範囲の防犯カメラを規制対象とするのか、どのような規制内容とするかがポイントになります。各条項のポイント解説については、自主規制型防犯カメラ条例試案のポイント解説もあわせて参考にしてください。

2 民間部門規制型防犯カメラ条例試案

【○○市防犯カメラの適正運用の確保に関する条例】

（目的）

第1条 この条例は、防犯カメラの設置及び運用に関し、基本原則及び必要な事項を定めることにより、防犯カメラの有用性に配慮しつつ、市民等の権利利益を保護することを目的とする。

【第1条のポイント】

民間部門規制型防犯カメラ条例としての目的および目的達成のための手段を定めます。条例の最重要部分です。明確かつ簡素に書くことが重要です。

（定義）

第2条 この条例において、次の各号に掲げる用語の意義は、それぞれ当該各号に定めるところによる。

(1) 防犯カメラ　犯罪の予防又はその早期解決を目的として特定の場所に継続的に設置される撮影装置及び画像記録装置並びにこれらと電気通信回路を通じて接続される情報機器その他必要な関連機器で構成される一体的システムをいう。ただし、国又は地方公共団体の機関が設置するものを除く。

(2) 公共の場所　道路、公園、駅の通路その他規則で定める不特定多数の者が自由に通行し、又は利用する場所をいう。

(3) 画像データ　画像記録装置により記録された電磁的記録（電子的方式、磁気的方式その他人の知覚によっては認識することができない方式で作られる記録）であって、画像表示装置を用いて表示できるものをいう。

(4) 画像個人情報　画像データのうち、画像表示装置を用いて表示できるもののうち、特定の個人が識別され、又は識別されうるものをいう。

(5)　市民等　市内に住所を有する者、通勤・通学等により市内に滞在する者及び市内を通過する者をいう。

【第2条のポイント】

条例に使用されるキーワードについて定義を行います。この定義は「防犯カメラ」の定義を除き、自主規制型防犯カメラ条例試案第2条における定義と同じです。

（基本原則）

第3条　防犯カメラを設置しようとするものは、市民等がその容貌及び姿態をみだりに撮影されない権利を有することに鑑み、防犯カメラの設置及び運用に当たっては、十分な配慮をしなければならない。

【第3条のポイント】

民間部門において防犯カメラを設置しようとするものに対する基本原則を定めます。

なお、「者」は権利義務の主体である自然人および法人を指す場合に用います。これに対し、法人格なき社団なども含めて指す場合には「もの」を用います。

（届出義務）

第4条　次に掲げるものが公共の場所に防犯カメラを設置しようとするときは、防犯カメラの設置及び運用に関する規約（以下「設置運用規約」という。）を定め、これを市長に届け出なければならない。届け出た事項を変更しようとするときも、同様とする。

(1) 地方自治法（昭和22年法律第67号）第260条の２第１項に規定する地縁による団体その他地域においてコミュニティ活動を行う団体

(2) 商店街振興組合法（昭和37年法律第141号）の規定に基づく商店街振興組合及び商店街振興組合連合会

(3) 鉄道事業法（昭和61年法律第92号）第７条第１項に規定する鉄道事業者

(4) 前３号に定めもののほか、規則で定めるもの

【第４条のポイント】

本条例を適用すべきものの範囲を定めるとともに、これらのものに対し防犯カメラの設置及び運用に関する基準の策定とその届出義務について定めます。**防犯カメラ設置・運用を届出制ではなく、許可制とすることも考えられないわけではありませんが、許可制とすることは、高い有用性を有する防犯カメラ設置推進の阻害要因となる可能性もあり、慎重な検討が必要です。**

条例試案では、特に規制対象として想定される自治会、商店街組合や鉄道事業者により設置・運用される防犯カメラについて定めています。

なお、自治体から補助金の支給を受けて、自治体と同様の立場で、あるいは自治体に代わって地域の防犯を担う自治会が設置・運用する防犯カメラにあっては、市民等のプライバシー保護の観点から、積極的に規制対象とすべきです（第８章）。

（設置運用規約）

第５条 前条に規定する設置運用規約には、次に掲げる事項を定めなければならない。

(1) 防犯カメラの設置場所、設置台数及び撮影対象区域に関す

ること。

(2)　管理責任者の設置及び取扱者の指定に関すること。

(3)　防犯カメラの設置の表示に関すること。

(4)　画像データの保管期間に関すること。

(5)　保管方法及び廃棄方法に関すること。

(6)　その他防犯カメラの適正な設置及び運用に関し規則で定める事項

2　前項各号の事項は、次条から第10条までの趣旨に沿って定めなければならない。

【第5条のポイント】

第4条の設置運用規約において定めるべき事項を明らかにします。また、当該事項を条例の趣旨に沿って定めることを義務付けます。

（設置に係る措置）

第6条　前条の規定により届出の義務があるもの（以下「届出義務者」という。）は、防犯カメラを設置するに当たって、次に掲げる措置を講じなければならない。

(1)　防犯カメラの設置台数は、設置目的に照らして適切な台数とすること。

(2)　防犯カメラの撮影対象範囲は、公共の場所の中に収まるよう調整すること。

【第6条のポイント】

民間部門の事業者が設置・運用する防犯カメラについては、地域の統治主体である自治体が設置・運用する防犯カメラとは異なり、比例原則が適用されるわけではありません。そこで、防犯カメラ設置の際の台数規制を「必要最小限」とするのではなく、「適切な台数」とすることにとどめます。

（管理責任者等の設置等）

第７条 届出義務者は、防犯カメラの設置及び運用並びに画像データの管理を適正に行うため、管理責任者を置かなければならない。

２ 管理責任者は、設置された防犯カメラの機器操作を行う者（以下「取扱者」という。）を指定することができる。この場合において、取扱者は、管理責任者とは別の者でなければならない。

３ 管理責任者は、防犯カメラの運用及び画像データの管理に係る事務を統括する。

４ 取扱者は、管理責任者の指示に従い、防犯カメラ及び画像データの管理に係る事務に従事する。

５ 管理責任者及び取扱者（以下「管理責任者等」という。）以外の者は、設置された防犯カメラの機器操作を行うことができない。ただし、緊急であり、かつ、やむを得ない場合は、この限りではない。

６ 管理責任者等は、画像データの閲覧により知り得た情報を他に漏らしてはならない。その職を退いた後も、また同様とする。

【第７条のポイント】

防犯カメラについては、具体的に責任者を定めてこれを運用させることが必要です。このため、管理責任者等の設置義務を定めるとともに、当該管理責任者等の義務についても定めます。

（表示義務）

第８条 第３条に定める届出義務者であって防犯カメラを設置し

たもの（以下「設置者」という。）は、見やすい場所に、次に掲げる事項を表示しなければならない。
(1) 防犯カメラを設置している旨
(2) 設置者の名称及びその連絡先
(3) 管理責任者名及びその連絡先

【第８条のポイント】

市民等に撮影回避のための選択権を与えるため、また、防犯カメラの設置・運用に関する情報を住民に周知し、防犯カメラの設置・運用に伴う苦情に関し、申立先である設置者または管理責任者へのアクセスを容易にするために、管理者責任者の情報についての表示義務を定めます。

（画像データの適正管理）

第９条　設置者及び管理責任者等は、画像データの漏えい、滅失、き損、流出及び改ざんの防止その他の画像データの適正な管理のために次の各号に掲げる措置を講じなければならない。
(1) 画像データを保存する場合には、当該画像データを加工しないこと。
(2) 画像データの表示又は保存をする場合において、通信回線と接続している電子計算機を使用するときは、安全対策の措置を講ずること。
(3) 画像データを記録した媒体は、管理責任者等があらかじめ定めた防護された場所で厳重に管理し、外部に持ち出さないこと。
(4) 保存期間を経過した画像データは、消去、記録された媒体の破砕その他の方法により復元できないよう適切に処理すること。

【第9条のポイント】

画像データの適正管理について、自主規制型防犯カメラ条例と同様に、具体的に定めます。

（画像データの保管期間）
第10条 管理責任者等は、規則で定める期間を超えて保管しないように努めなければならない。

【第10条のポイント】

一般のビデオカメラシステムでは、２週間～３週間程度でデータの上書きがなされ上書きされた部分は自動的に消去されていきます。とはいえ、この点は、防犯カメラ本体や記憶媒体の性能により大きく異なります。このため、具体的な保管期間を条例で直接定めることは困難です。そこで、詳細は規則に委任します。なお、保管期間については、防犯カメラの設置者が民間部門の者であることからその負担を考慮し、努力義務にとどめます。

（防犯カメラ運用の委託等）
第11条 設置者は防犯カメラの運用の全部又は一部を委託する場合には、その委託に係る業務が第4条に定める設置運用規約に沿ってなされるよう、委託を受けた者（以下「受託者」という。）に対し、必要かつ適切な監督を行わなければならない。

【第11条のポイント】

受託者が設置運用規約に沿って委託業務を遂行するよう、設置者としては、これを監督することが必要です。そのための手法として、委託契約の締結の際に、①受託業務に係る事故があった場合の対応、②

受託業務に従事する従業員の守秘事項に関する事項、③再委託の禁止に関する事項などを盛り込むことは、もちろんですが、これらのみでは十分とはいえません。このため、定期的な報告を求めるなど、設置者に対し、必要かつ適切な監督を行うための根拠も盛り込むことが期待されます。

（画像個人情報の取扱い）

第12条　防犯カメラにより取得した画像個人情報の取扱いについては、この条例に定めるもののほか、個人情報の保護に関する法律（平成15年法律第57号）に定めるところによる。

【第12条のポイント】

防犯カメラにより収集した画像データのうち、画像個人情報の取扱いについては、改正個人情報保護法に定めるところによることを確認するための規定を置きます。

（報告徴収及び立入検査）

第13条　市長は、この条例の施行に必要な限度において、設置者、及び管理責任者並びに受託者に対し、その取り扱う防犯カメラの設置及び運用の状況について報告を求めることができる。

2　市長は、この条例の施行に必要な限度において、その職員に、設置者の事務所，画像データが保管されている場所その他必要な場所に立ち入り、防犯カメラの設置及び運用状況若しくは関係書類その他の物件について検査させ、又は関係者に質問させることができる。

3　前項の規定により立入検査又は質問をする職員は、その身分を示す証明書を携帯し、関係者に提示しなければならない。

4　第2項の規定による立入調査及び質問の権限は、犯罪捜査のために認められたものと解してはならない。

【第13条のポイント】

市長が、次条の勧告を行う場合に、条例の規定に違反する行為の有無について事実関係を確認する必要があります。このため、設置者、管理責任者、受託者に対する報告徴収と立入検査の権限行使のための根拠規定を置きます。

（勧告）

第14条　市長は、この条例の規定に違反する行為があると認めるときは、設置者及び管理責任者に対し、規則で定めるところにより、当該違反事実を明らかにしたうえで、期限を定めて、当該違反する行為の中止その他違反を是正するために必要な措置を講ずるよう勧告することができる。

【第14条のポイント】

勧告の発出権限の根拠を定めます。なお、勧告は違反の是正を求める催告の意味を持ちます。勧告は、講学上の**行政指導**であり、**不利益処分**ではありません。したがって、勧告の発出に当たっては、行政手続条例に基づく聴聞手続や弁明の機会の付与は必要ありません。

（公表）

第15条　市長は、前条の規定により勧告した場合において、当該勧告を受けた者が正当な理由なくその勧告に従わなかったときは、規則で定めるところにより、違反者名、違反の事実その他規則で定める事項を公表することができる。

2　市長は、前項の規定による公表をしようとするときは、あらかじめ、当該勧告を受けた者に対し、意見を述べる機会を与えなければならない。

【第15条のポイント】

条例の実効性を確保するための手段として制裁的公表制度（第7章第5・4）を定めます。この公表は、勧告に従わなかったことを理由とするのではなく、条例に違反したことを理由に、制裁として行うものです。

制裁的公表は、不利益処分（行政手続法2条4号）には該当しない事実行為であることから、行政手続条例に基づく聴聞手続や弁明の機会の付与などの事前手続は必要ありません。しかし、制裁的公表は、事実上、相手方の権利利益に少なからず影響を及ぼすものです。よって、不利益処分の場合に準じて事前手続を確保する必要があります。そこで、条例独自の事前手続として相手方の意見陳述の機会について定めます。

（苦情への対応）

第16条　市民等は、設置者又は管理責任者に対し、防犯カメラの設置又は運用について苦情を申し立てることができる。

2　設置者又は管理責任者は、前項の苦情があったときは、速やかに必要な措置を講じなければならない。

3　市民等は、前項の規定による設置者又は管理責任者への苦情への対応に不服があるときは、市長に対し、苦情を申し出ることができる。

4　市長は、前項の規定による苦情の申出を受けたときは、速やかに適切な対応をするものとする。

【第16条のポイント】

民間部門の事業者が設置・運用する防犯カメラにより生ずるトラブルは、私人間で解決するのが原則です。しかし、住民の不安解消の観点から、設置者や管理責任者に対する市民等のアクセス権を保障することが必要です。こうした観点から、苦情申立ての根拠とともに、設置者および管理責任者の対応義務も定めています。

また、設置者や管理責任者が対応しない場合、あるいは、対応が十分ではない場合に備えて、市民等が監督者である市長に対し苦情を申し立てることができるようにします。あわせて、市長の対応義務についても定めます。

（委任）
第17条　この条例の施行に関し必要な事項は、規則で定める。

【第17条のポイント】

条例の実施に際し、申請書の様式などの手続的細目事項を定める場合には、こうした包括的委任の規定を条例に置く必要は特にありませんが、試案では、自治体の立法慣行に従い、確認的な包括的委任の規定を置きます。

附　則

（施行期日）
1　この条例は、令和○年○月○日（以下「施行日」という。）から施行する。
（経過措置）
2　施行日において現に防犯カメラを設置しているもので、第4条各号のいずれかに規定するものは、施行日から起算して6月以内に同条に定める設置運用規約を定め、これを市長に届け出なければならない。

（条例の見直し）

3　市長は、この条例の施行後５年を経過した場合において、この条例の施行の状況を勘案し、必要があると認めるときは、この条例の規定について検討を加え、その結果に基づいて所要の措置を講ずるものとする。

【附則のポイント】

条例の目的を達成するためには、既に、防犯カメラを設置している民間部門の事業者に対しての届出義務を課すことが必要になります。ただし、条例の周知期間および事業者の準備期間を考慮し、条例施行の際現に防犯カメラを設置している事業者の届出義務については、その履行期限を条例の施行日から起算して６月以内とするよう経過措置で定めます。

資　料

第１　自主規制型防犯カメラ要綱

・城陽市防犯カメラの設置及び管理に関する規程

・宝塚市安全・安心カメラの設置、管理及び運用に関する要綱

第２　自主規制型防犯カメラ条例

・八街市防犯カメラの設置及び運用に関する条例

・伊丹市安全安心のまちづくりのためのカメラの設置に関する条例

・加古川市見守りカメラの設置及び運用に関する条例

・豊見城市安全安心のまちづくりのための防犯カメラの設置に関する条例

・神戸市安全で安心なまちづくりに資する防犯カメラの設置及び運用に関する条例

第３　民間部門対応型防犯カメラガイドライン

・札幌市防犯カメラの設置及び運用に関するガイドライン

第４　民間部門規制型防犯カメラ条例

・大多喜町防犯カメラの設置及び運用に関する条例

第５　複合対応型防犯カメラガイドライン

・（埼玉県）防犯カメラの設置と利用に関する指針

第６　複合規制型防犯カメラ条例

・杉並区防犯カメラの設置及び利用に関する条例

・豊田市防犯カメラの設置及び運用に関する条例

・栃木市防犯カメラの設置及び運用に関する条例

・美濃加茂市防犯カメラの設置及び運用に関する条例

第1　自主規制型防犯カメラ要綱

■城陽市防犯カメラの設置及び管理に関する規程

（趣旨）

第1条　この規程は、市の駅前広場等の適正な管理及び犯罪の抑制等を目的とした防犯カメラの設置及びその適正な管理運用に関し必要な事項を定めるものとする。

（定義）

第2条　この規程において、次の各号に掲げる用語の意義は、それぞれ当該各号に定めるところによる。

(1)　防犯カメラ　駅前及びその周辺の不特定多数の者が往来すると考えられる場所（以下「駅前広場等」という。）を撮影するため、市が設置又は管理をする常設の画像撮影装置で、録画装置その他必要な関連機器で構成されものをいう。

(2)　画像データ　防犯カメラにより撮影された画像で、電磁的に記録されたものをいう。

（設置）

第3条　防犯カメラは、駅前広場等のうち別表に定める場所に設置し、常時稼働させるものとする。

2　防犯カメラの設置に当たっては、第1条に規定する目的を達成するために必要最小限度の撮影範囲になるように努め、撮影対象区域内の見やすい場所に、防犯カメラが設置されている旨を明確かつ適切な方法により表示するものとする。

（管理責任者）

第4条　防犯カメラを適正に管理運用するため、防犯カメラの管理責任者（以下「管理責任者」という。）を置き、防犯担当課長をもって充てる。

（職員の責務）

第5条　防犯担当職員（以下「職員」という。）は、法令若しくは条例又はこの規程の規定を遵守し、管理責任者の指導監督の下に、防犯カメラの適正な管理運用に努めなければならない。

2　職員は、職務上知り得た画像データの情報を第1条に規定する目的以外の目的に利用し、又は職員以外の者に提供してはならない。

（画像データの保管）

第6条　管理責任者は、画像データの紛失、盗難、散逸等の防止に努めなければならない。

2　防犯カメラの画像データの保管期間は、原則として7日間とする。ただし、次に掲げる場合については、この限りでない。

(1) 次条ただし書の規定に該当する場合

(2) 前号に定めるもののほか、市長が特に必要があると認める場合

3 管理責任者は、画像データの保管期間が経過した後は、速やかに当該画像データを消去し、又は新たな画像を上書きするものとする。

(画像データの目的外の利用及び外部への提供の制限)

第7条 管理責任者は、画像データに係る情報を、第1条に規定する目的の範囲を超えて利用し、又は外部に提供してはならない。ただし、次に掲げる場合については、この限りでない。

(1) 法令に基づく要請を受けた場合

(2) 人の生命、身体又は財産の保護のため、緊急かつやむを得ないと認められる場合

(画像データの複製等の制限)

第8条 画像データは、これを複製し、又は印刷してはならない。ただし、前条ただし書の規定に該当する場合において、市長が特に必要があると認めるときは、この限りでない。

(保守点検)

第9条 管理責任者は、防犯カメラの機能を維持するため、定期的に保守点検を行わなければならない。

(苦情の処理)

第10条 管理責任者は、防犯カメラの管理及び運用に関する苦情を受けたときは、迅速かつ誠実に対応しなければならない。

(委託等)

第11条 管理責任者は、防犯カメラ及び画像データの管理に関する事務の全部又は一部を委託することができる。この場合において、事務を委託した管理責任者は、第4条から前条までの規定の趣旨にのっとり、業務を執行させなければならない。

(その他)

第12条 この規程に定めるもののほか、必要な事項は、市長が別に定める。

〈附則略〉

〈別表略〉

■宝塚市安全・安心カメラの設置、管理及び運用に関する要綱

(目的)

第1条 この要綱は、宝塚市が設置する安全・安心カメラについて、その適正な

設置、管理及び運用を行うために必要な事項を定めることにより、市民の権利及び利益の保護に留意しつつ、犯罪の未然防止及び犯罪発生時の迅速な対応等を図り、市民生活の安全を確保することを目的とする。

（定義）

第2条　この要綱において、次の各号に掲げる用語の意義は、当該各号に定めるところによる。

⑴　安全・安心カメラ　前条に規定する目的（以下「設置目的」という。）に沿って、市が街頭に設置する撮影装置であって、画像の記録及び記録した画像の取出しを行う機能を有するものをいう。

⑵　撮影画像　安全・安心カメラにより撮影され、記録された画像情報をいう。

⑶　専用パソコン　安全・安心カメラから撮影画像を表示し、取り出すための専用ソフトがインストールされているパソコンをいう。

⑷　捜査機関等　警察、検察等の犯罪捜査について法的権限を有する機関又は裁判所をいう。

（基本的事項）

第3条　安全・安心カメラの設置についての基本的な事項は、次のとおりとする。

⑴　安全・安心カメラの設置は、設置目的に則して行うこと。

⑵　安全・安心カメラの設置は、兵庫県宝塚警察署（以下「宝塚警察署」という。）から提供される情報及び宝塚警察署からの助言に基づき、設置目的に照らして有効な場所を選定すること。

⑶　安全・安心カメラの設置台数は、設置目的に照らして必要最小限の範囲の台数とすること。

⑷　安全・安心カメラの撮影範囲は、設置目的に照らして最も適切な範囲となるよう調整すること。

⑸　安全・安心カメラの設置に当たっては、別表に掲げるその設置場所を市民に周知すること。

⑹　安全・安心カメラが設置されていることを設置場所周辺の見やすい箇所に標識等で掲示すること。

2　撮影画像の取扱いについての基本的な事項は、次のとおりとする。

⑴　撮影画像は、個人情報の保護のために必要な措置を講ずること。

⑵　撮影画像は、設置目的を達成するため必要な場合に限って、捜査機関等に提供することとし、他の目的で利用し、又は提供しないこと。

⑶　撮影画像は、捜査機関等へ提供する場合及び安全・安心カメラの保守点検を行う場合を除き、取り出ししないこと。

3　専用パソコンについての基本的な事項は、次のとおりとする。

(1) 専用パソコンには、パスワードを設定するとともに、これを定期的に変更すること。

(2) 専用パソコンは、施錠設備がある保管庫において保管し、紛失、盗難等の防止のための措置を講ずること。

(稼働時間)

第4条 安全・安心カメラは、常時稼働させるものとする。

(管理責任者等)

第5条 安全・安心カメラの設置、管理及び運用を適切に行うため、安全・安心カメラ管理責任者（以下「管理責任者」という。)、安全・安心カメラ運用責任者(以下「運用責任者」という。)及び安全・安心カメラ撮影画像取扱員(以下「撮影画像取扱員」という。) を置く。

2 管理責任者は、都市安全部長をもって充て、次に掲げる事務を担任する。ただし、都市安全部長に事故があるとき又は欠けたときは、都市安全部生活安全室長がその職務を代理するものとする。

(1) 安全・安心カメラの設置場所の選定に関すること。

(2) 撮影画像の保存及び管理に関すること。

(3) 捜査機関等に対する撮影画像の提供に関すること。

(4) 撮影画像取扱員の選任に関すること。

3 運用責任者は、都市安全部生活安全室防犯交通安全課長をもって充て、管理責任者の指示のもと、安全・安心カメラ及び専用パソコンの管理に関する事務を担任する。

4 撮影画像取扱員は、都市安全部生活安全室防犯交通安全課の職員のうち管理責任者が選任した者とし、運用責任者の指示のもと、安全・安心カメラからの撮影画像の取出し及び運用責任者の事務の補助を担任する。

(専用パソコンの配置)

第6条 専用パソコンは、都市安全部生活安全室防犯交通安全課に配置する。

(撮影画像又は記録媒体の管理)

第7条 撮影画像を保管する期間は、原則として14日以内（第9条第1項の規定に基づき、撮影画像及び記録媒体の提供を行う期間を除く。）とする。

2 前項の期間を経過した撮影画像の消去は、新たな撮影画像を上書きする方法により行うものとする。ただし、当該方法による消去がなされないと認められる場合は、管理責任者は、速やかに記録媒体のデータの削除等の方法により、当該撮影画像を消去しなければならない。

3 撮影画像は、加工してはならない。

4 撮影画像は、捜査機関等へ提供する場合及び安全・安心カメラの保守点検を行う場合を除き、撮影画像を複製し、又は印刷してはならない。

5　管理責任者は、安全・安心カメラの盗難防止のための措置を講じなければならない。

6　管理責任者は、記録媒体からの撮影画像の読出し及び取出しにパスワードを設定する等の適切なセキュリティ対策を講じなければならない。

7　記録媒体の廃棄に際しては、物理的に破壊した後に処分しなければならない。

8　前各項に定めるもののほか、管理責任者は、撮影画像の流出若しくは漏えい又は記録媒体の盗難若しくは紛失その他の事故が生じないよう必要な措置を講じなければならない。

（提供の制限）

第8条　管理責任者は、次条に規定する場合を除くほか、撮影画像を他に提供してはならない。

（撮影画像の提供）

第9条　管理責任者は、法令の規定に基づき捜査機関等から次に掲げるいずれかの場合に該当するとして文書で撮影画像の提供を求められたときは、当該撮影画像を提供することができる。

(1)　発生した犯罪事実の捜査に関し必要がある場合

(2)　行方不明事案の捜索に関し必要がある場合

(3)　交通事故の原因究明に関し必要がある場合

2　前項の規定により撮影画像の提供を求める者は、宝塚市安全・安心カメラ撮影画像提供依頼書兼誓約書（別記様式）により管理責任者に依頼しなければならない。

3　前項の規定により提供の依頼があったときは、管理責任者は速やかに依頼内容を審査し、提供の可否を判断するものとする。

4　前項の規定により撮影画像を提供するときは、設置目的に照らし、必要かつ最小限の範囲にとどめなければならない。

5　第2項の規定による提供の依頼が、組織的な犯罪の処罰及び犯罪収益の規制等に関する法律（平成11年法律第136号）第6条の2に規定する犯罪の捜査に関するものである場合は、管理責任者は撮影画像を提供してはならない。ただし、刑事訴訟法第218条第1項の規定による令状による場合は、この限りでない。

（撮影画像の取出し等）

第10条　管理責任者は、前条の規定により撮影画像を提供するときは、運用責任者に対し、撮影画像の取出しを指示するものとする。

2　運用責任者は、前項の規定による管理責任者の指示があったときは、撮影画像取扱員に対し、取出しの対象となる安全・安心カメラ及び撮影画像の日時その他撮影画像の取出しに際して必要な事項を指示するものとする。

3　撮影画像取扱員は、前項の規定による運用責任者の指示に従って、撮影画像を取り出したときは、その結果を運用責任者に報告するものとする。

（撮影画像の利用等）

第11条　前2条の規定により撮影画像の提供を受けた捜査機関等は、第9条第1項に規定する目的以外の目的で画像を利用してはならない。

2　撮影画像の提供を受けた捜査機関等は、撮影画像が不要になった場合は、遅滞なく撮影画像に係る資料及びデータを廃棄し、又は削除しなければならない。

（撮影画像の外部提供）

第12条　第9条及び第10条の規定により撮影画像の提供を受けた捜査機関等は、市の承認なく、外部（警察署については当該警察署以外をいう。）に当該撮影画像を提供してはならない。ただし、他の捜査機関等から適式な要請があった場合は、この限りでない。

2　撮影画像の提供を受けた捜査機関等は、前項ただし書の規定により他の捜査機関等に撮影画像を提供するときは、提供先に対し、前条第1項に規定する目的以外の目的で利用し、かつ、外部に提供しないことを求めるものとする。

3　撮影画像の提供を受けた捜査機関等が、前項までの規定により撮影画像の外部提供を行った場合は、提供先の撮影画像の取扱いに関し全ての責任を負うものとする。

（宝塚警察署との連携）

第13条　設置目的を達成し、及び撮影画像の適切な管理に資するため、市と宝塚警察署との間で、安全・安心カメラの撮影画像の管理等に関する協定を締結するものとする。

（撮影画像の流失等）

第14条　管理責任者は、撮影画像の流失若しくは漏えい又は記録媒体の盗難若しくは紛失があった場合は、速やかに市長に報告しなければならない。

（設置・運用等状況の報告）

第15条　管理責任者は、安全・安心カメラの設置及び運用状況について取りまとめ、年1回、市長に報告するものとする。

2　市長は、前項の報告を受けたときは、速やかに宝塚市個人情報保護・情報公開審議会（以下「審議会」という。）に報告するものとする。

3　市長は、審議会に報告した内容を、同内容について審議会から意見があった場合にはその意見を付して、ホームページで公表するものとする。

〈附則略〉

〈別表略〉

第２　自主規制型防犯カメラ条例

■八街市防犯カメラの設置及び運用に関する条例

（目的）

第１条　この条例は、市が公共の場所又は公共施設に設置する防犯カメラの設置及び運用に関し必要な事項を定めることにより、個人の権利利益を保護するとともに、街頭犯罪の未然防止、犯罪に対する抑止力の向上及び安全で安心なまちづくりの推進を図ることを目的とする。

（定義）

第２条　この条例において、次の各号に掲げる用語の意義は、それぞれ当該各号に定めるところによる。

(1)　防犯カメラ　犯罪の予防及び抑止その他の安全安心なまちづくりの確保を目的として、特定の場所に継続的に設置する撮影装置であって、本体及び録画装置その他の必要な関連機器で構成されるものをいう。

(2)　画像データ　防犯カメラにより撮影又は録画された画像情報を電磁的記録媒体その他の記録媒体に保存したものをいう。

(3)　防犯対象区域　公共の場所（道路、鉄道駅の自由通路、駅前広場、公園その他人が自由に出入りすることができる場所をいう。）又は公共施設（公共の場所以外の場所で市が管理するものであって、建物の内部を除く。）であって、防犯カメラを設置し、監視を実施する区域をいう。

（基本原則）

第３条　市は、防犯カメラの設置、運用及び画像の取扱いに関し、八街市個人情報保護条例（平成13年条例第２号）に基づき、個人情報に係る個人の権利利益の保護を図るため、適切な措置を講ずるものとする。

（設置に係る遵守事項）

第４条　市は、防犯カメラの設置に当たっては、次の各号に掲げる事項を遵守しなければならない。

(1)　防犯カメラの設置台数は、防犯対象区域ごとに必要最小限の台数とすること。

(2)　防犯カメラの撮影範囲は、防犯対象区域の中に収まるよう、必要最小限の撮影範囲となるように調整すること。

２　防犯カメラの設置場所には、次の各号に掲げる事項を掲示しなければならない。

(1)　管理責任者の職名及び連絡先

(2)　防犯カメラが作動中である旨

（公示）

第５条　市長は、防犯カメラを設置するときは、事前に規則で定める事項について公示する。

（作動時間）

第6条 防犯カメラの作動時間は、1日当たり24時間とする。ただし、市において特に必要があると認められるときは、この限りでない。

（画像データの保存期間）

第7条 画像データの保存期間は、次の各号に掲げる場合を除き、当該画像データ作成の翌日から起算して14日以内とし、当該期間終了後は速やかに消去するものとする。

(1) 法令等に基づく場合

(2) 犯罪捜査の目的により保存の要請を受けた場合

（管理責任者）

第8条 設置した防犯カメラを適正に管理するため、防犯対象区域ごとに管理責任者を置く。

（取扱者の指定）

第9条 管理責任者は、防犯カメラ及び画像データの管理を行わせるため、あらかじめ取扱者を指定する。

2 前項の規定により指定された取扱者以外のものは、防犯カメラ及び画像データを取り扱うことができない。

（管理責任者等の責務）

第10条 管理責任者及び取扱者（以下「管理責任者等」という。）は、法令並びに八街市個人情報保護条例及びこの条例に基づき、防犯カメラの適正な運用に努めなければならない。

2 管理責任者等は、防犯カメラにより知り得た情報を第三者に提供し、又は不当な目的に利用してはならない。その職を退いた後も、また、同様とする。

3 管理責任者等は、防犯カメラの設置及び運用並びに画像データの取扱いに関して苦情があったときは、適正かつ迅速に処理するよう努めなければならない。

（画像データの開示等）

第11条 画像データの開示、目的外利用及び外部提供に関しては、八街市個人情報保護条例の当該規定によるものとする。

（画像データの適正管理）

第12条 管理責任者等は、漏えい、紛失又はき損の防止その他の画像データの安全管理を確保するため、次の各号に掲げる措置を講じなければならない。

(1) 画像データを記録した媒体及び防犯カメラ本体以外の機器は、施錠できる事務室内等又はセキュリティの確保できる設備等に保管するとともに、常にその状況を点検すること。

(2) 画像データを記録した媒体及び全ての機器を廃棄する際は、粉砕処分等確実に画像データの読み出しが不可能となる方法により行うこと。

2 管理責任者等は、画像データを加工してはならない。ただし、適法な請求により画像データを開示、目的外利用及び外部提供する場合において、当該画像データ中の必要としない個人等の画像を隠す等のため必要があるときは、この限りでない。

（委任）

第13条 この条例の施行に関し必要な事項は、市長が別で定める。

附 則

（施行期日）

1 この条例は、平成25年4月1日から施行する。

（準備行為）

2 防犯カメラの設置その他のこの条例を施行するに当たり必要な行為は、この条例の施行前においても行うことができる。

（経過措置）

3 この条例の施行の際現に作動中の防犯カメラについては、第5条の規定の公示があったものとみなし、この条例を適用する。

■伊丹市安全安心のまちづくりのためのカメラの設置に関する条例

（目的）

第1条 この条例は、市民の生活の安全の確保に資するため、市民の権利利益の保護に配慮しつつ、公共の場所にカメラを設置することにより、市民が安全に安心して暮らせるまちづくりの実現を図ることを目的とする。

（定義）

第2条 この条例において、次の各号に掲げる用語の意義は、それぞれ当該各号に定めるところによる。

(1) カメラ 公共の場所を継続的に撮影するため、市が設置する撮影装置をいう。

(2) 公共の場所 不特定多数の者が自由に通行し、又は利用する道路、公園その他の屋外の場所をいう。

(3) 画像データ カメラの映像記録装置により記録された電磁的記録（電子的方式、磁気的方式その他人の知覚によっては認識することができない方式で作られる記録をいう。）であって、画像表示装置を用いて画像として表示できるもので、当該画像において特定の個人が識別される可能性のあるものをいう。

(4) 市民等 市内に住所を有する者、通勤・通学等により市内に滞在する者及び市内を通過する者をいう。

（カメラの設置）

第3条 市長は、犯罪の抑止、災害への早期対応その他市民の生活の安全の確保を目的として、公共の場所にカメラを設置することができる。

2 市長は、前項の規定によりカメラ（災害への早期対応を目的として設置するものを除く。）を設置しようとするときは、その効果を高めるため、あらかじめカメラの設置目的、設置場所、設置台数等について、関係地域の住民の意見を聴くものとする。カメラの設置場所を変更しようとするときも、同様とする。

3 市長は、カメラの設置に当たっては、カメラの有用性が最大限に発揮されるよう、効果的に設置しなければならない。

（関係機関との連携）

第4条 市長は、カメラの設置による安全安心のまちづくりの推進に当たっては、関係機関との連携を図るものとする。

（設置場所等の見直し）

第5条 市長は、一定の期間ごとに、カメラの設置目的が効果的に達成されているかどうかの観点から、その設置場所等について見直さなければならない。

（権利保護）

第6条 市長は、カメラの設置に当たっては、市民等がその容貌や姿をみだりに撮影されない自由を有することに鑑みて、市民等の基本的人権を擁護するため、十分な配慮をしなければならない。

2 市長は、カメラの運用並びに画像データの取扱い及び開示等については、伊丹市個人情報保護条例（平成17年伊丹市条例第３号）で定めるところにより適正に行わなければならない。

（遵守事項）

第7条 市長は、カメラの設置に当たっては、次に掲げる事項を遵守するものとする。

(1) カメラの撮影対象領域を、その設置目的に照らし必要最小限の範囲とすること。

(2) カメラの設置場所付近の見やすい場所に、カメラが作動中である旨を分かりやすく表示すること。

（管理責任者の設置等）

第8条 市長は、カメラ及び画像データの管理及び運用を適正に行うため、規則で定めるところにより、管理責任者、取扱責任者その他必要な職員（以下「管理責任者等」という。）を置かなければならない。

2 管理責任者は、カメラ及び画像データの管理及び運用に係る事務を統括する。

3　取扱責任者は、管理責任者の指示に従い、カメラ及び画像データを取り扱う事務で規則で定めるものを行う。

4　管理責任者は、管理責任者等以外の者が、みだりにカメラ若しくはその関連機器の操作をし、又は画像若しくは画像データの閲覧をすることがないよう、規則で定める措置を講じなければならない。

5　管理責任者等は、画像又は画像データの閲覧により知り得た情報を第三者に提供し、又は不当な目的に利用してはならない。その職を退いた後も、また同様とする。

6　管理責任者は、市民等からカメラの設置、運用等について苦情を受けたときは、迅速かつ適切に対応しなければならない。

（運用状況の公表）

第９条　市長は、毎年度、画像データの提供について、提供した件数及びその目的並びに提供先を取りまとめ、公表するものとする。

（委任）

第10条　この条例の施行に関し必要な事項は、規則で定める。

付　則

（施行期日）

1　この条例は、公布の日から施行する。

（条例の見直し）

2　市長は、本条例施行後５年以内に、本条例によるカメラの設置の必要性及び効果について検討を加え、必要な施策の変更、本条例の見直しその他必要な措置を講じなければならない。

■加古川市見守りカメラの設置及び運用に関する条例

（目的）

第１条　この条例は、見守りカメラの設置及び運用に関し必要な事項を定めることにより、犯罪の抑止、事件等の早期解決その他市民生活の安全の確保を図り、もって安全で安心なまちづくりを推進することを目的とする。

（定義）

第２条　この条例において、次の各号に掲げる用語の意義は、当該各号に定めるところによる。

(1)　見守りカメラ　公共の場所を継続的に撮影するため、市が設置する撮影装置、当該撮影装置と通信回線を通じて接続される情報機器その他必要な関連機器で構成されるもの（専ら市の施設若しくは備品の管理又は防災を目的として設置されたものを除く。）をいう。

⑵ 公共の場所 不特定多数の者が自由に通行し、又は利用する道路、公園、広場その他の屋外の場所をいう。

⑶ 市民等 市内に居住し、若しくは滞在する者（通勤、通学等をする者を含む。）又は市内を通過する者をいう。

⑷ 画像データ 見守りカメラにより撮影された画像の電磁的記録（電子的方式、磁気的方式その他人の知覚によっては認識することができない方式で作られる記録をいう。）をいう。

⑸ 個人情報画像 画像データのうち、加古川市個人情報保護条例（平成10年条例第28号）第2条第1号に規定する個人情報に該当するものをいう。

（見守りカメラの設置）

第3条 市は、犯罪の抑止、事件等の早期解決その他市民生活の安全の確保を目的として、見守りカメラを設置し、撮影する。

（基本原則）

第4条 市長は、見守りカメラをその有効性が最大限に発揮されるように設置しなければならない。

2 市長は、安全で安心なまちづくりを推進するため、見守りカメラの設置及び運用に当たっては、関係する団体又は機関との連携を図るものとする。

3 市長は、市民等がその容貌及び姿態をみだりに撮影されない自由を有することに鑑み、見守りカメラの設置及び運用に当たっては、十分な配慮をしなければならない。

4 市長は、見守りカメラの設置目的を効果的に達成する観点から、一定の期間ごとにその設置場所等を見直さなければならない。

（適正な運用）

第5条 市長は、見守りカメラの運用については、次条から第8条までに定めるもののほか、加古川市個人情報保護条例で定めるところにより適正に行わなければならない。

2 見守りカメラの適正な運用について必要な事項は、規則で定める。

（目的以外の利用の制限）

第6条 市長は、個人情報画像を見守りカメラの設置目的以外に利用し、又は他の実施機関（加古川市個人情報保護条例第2条第2号に規定する実施機関をいう。以下同じ。）に提供してはならない。

（外部提供の制限）

第7条 市長は、画像データについて実施機関以外のものへの提供（以下「外部提供」という。）をしてはならない。ただし、次の各号のいずれかに該当するときは、この限りでない。

(1) 法令又は法令の規定による指示があるとき。

(2) 市民等の生命、身体又は財産の保護のため、緊急かつやむを得ないと認めるとき。

(3) 捜査機関から犯罪捜査を目的とした要請を受けたとき。

2 市長は、前項ただし書の規定により画像データの外部提供をするときは、規則で定める措置を講じなければならない。

(画像データの不開示)

第8条 市長は、画像データの開示を求められたときは、当該画像データを開示しないものとする。

(運用状況の公表)

第9条 市長は、毎年度、見守りカメラの運用状況を公表するものとする。

(補則)

第10条 この条例に定めるもののほか、必要な事項は、規則で定める。

附 則

この条例は、公布の日から施行する。

■豊見城市安全安心のまちづくりのための防犯カメラの設置に関する条例

(目的)

第1条 この条例は、市民等の生活の安全の確保に資するため、市民等の権利利益の保護に配慮しつつ、公共の場所に防犯カメラを設置することにより、市民等が安全に安心して暮らせるまちづくりの実現を図ることを目的とする。

(定義)

第2条 この条例において、次の各号に掲げる用語の意義は、それぞれ当該各号に定めるところによる。

(1) 防犯カメラ 犯罪の予防及び抑止その他の安全安心なまちづくりの確保を目的に豊見城市長(以下「市長」という。)又は豊見城市教育長(以下「教育長」という。)が設置する撮影装置をいう。

(2) 公共の場所 不特定多数の者が自由に通行し、又は利用する道路、公園その他の屋外の場所をいう。

(3) 設置者 市長又は教育長をいう。

(4) 市民等 本市に居住、勤務、通学又は本市に滞在若しくは本市を通過する者

(5) 画像データ 防犯カメラの映像記録装置により記録された電磁的記録(電子的方式、磁気的方式その他人の知覚によっては認識することができない方式で作られる記録をいう。)であって、画像表示装置を用いて画像として表

示できるもので、当該画像において特定の個人が識別される可能性のあるものをいう。

（防犯カメラの設置）

第3条 設置者は、犯罪の予防及び抑止その他の安全安心なまちづくりの確保を目的として、公共の場所に防犯カメラを設置することができる。

2 設置者は、防犯カメラを設置するときは、規則で定める事項をあらかじめ公示しなければならない。

（権利保護）

第4条 設置者は、防犯カメラの設置に当たっては、市民等がその容貌や姿態をみだりに撮影されない自由を有することに鑑みて、市民等の基本的人権を擁護するため、十分な配慮をしなければならない。

2 設置者は、防犯カメラの運用並びに画像データの取扱い及び開示等については、豊見城市情報公開及び個人情報保護に関する条例（平成14年豊見城市条例第35号）で定めるところにより適正に行わなければならない。

（遵守事項）

第5条 設置者は、防犯カメラの設置に当たっては、次に掲げる事項を遵守するものとする。

(1) 防犯カメラの設置台数は、必要最小限の台数とすること。

(2) 防犯カメラの撮影対象領域は、その設置目的に照らし必要最小限の範囲とすること。

(3) 防犯カメラの設置場所付近の見やすい場所に、防犯カメラが作動中である旨を分かりやすく表示すること。

（画像データの保存期間）

第6条 画像データの保存期間は、法令又は条例に基づく場合を除き、当該画像データ作成の翌日から起算して30日以内とし、当該期間終了後は速やかに削除するものとする。ただし、設置者が必要と認める場合には、この限りでない。

（管理責任者の設置等）

第7条 設置者は、防犯カメラ及び画像データの管理及び運用を適正に行うため、規則で定めるところにより管理責任者、取扱責任者その他必要な職員（以下「管理責任者等」という。）を置かなければならない。

2 管理責任者は、防犯カメラ及び画像データの管理及び運用に係る事務を統括する。

3 取扱責任者は、管理責任者の指示に従い、防犯カメラ及び画像データを取り扱う事務であって規則で定めるものを行う。

4 管理責任者は、管理責任者等以外の者が、みだりに画像の閲覧をすることがないよう、規則で定める措置を講じなければならない。

5　管理責任者等は、画像の閲覧により知り得た情報を第三者に提供し、又は不当な目的に利用してはならない。その職を退いた後も、また同様とする。

（苦情の申出）

第8条　市民等は、防犯カメラの設置及び利用並びに画像の取扱いに関し苦情があるときは、その旨を設置者に申し出ることができる。

2　設置者は、前項の規定による苦情の申出を受けたときは、適正かつ迅速に処理するものとする。

（委任）

第9条　この条例の施行に関し必要な事項は、規則で定める。

附　則

（施行期日）

1　この条例は、公布の日から施行する。

（経過措置）

2　この条例の施行の際現に作動中の防犯カメラについては、速やかに第３条第２項の規定の公示を行い、この条例を適用する。

■神戸市安全で安心なまちづくりに資する防犯カメラの設置及び運用に関する条例

（目的）

第1条　この条例は、市民等の権利利益の保護に配慮しつつ、通学路、駅周辺及び繁華街の道路等に設置する防犯カメラに関し必要な事項を定めることにより、子供や女性を対象とした犯罪の予防及び解決その他市民生活の安全の確保を図り、もって安全で安心なまち神戸の実現に寄与することを目的とする。

（定義）

第2条　この条例において、次の各号に掲げる用語の意義は、当該各号に定めるところによる。

(1)　防犯カメラ　道路等を継続的に撮影するため、市が設置する撮影装置、当該撮影装置と電気通信回線を通じて接続される情報機器その他必要な関連機器で構成されるもののうち、次条第２項第５号の規定による表示において「神戸市カメラ」と標記されているものをいう。

(2)　道路等　道路、公園、広場その他公共の用に供する場所（室内又はこれに準ずる環境にある場所を除く。）をいう。

(3)　市民等　市内に居住し、若しくは滞在し、又は市内を通過する者をいう。

(4)　画像　防犯カメラの映像記録装置により記録された電磁的記録（電子的方

式、磁気的方式その他人の知覚によっては認識することができない方式で作られる記録をいう。）であって、画像表示用装置を用いて表示できるもののうち、特定の市民等が識別され、若しくは識別され得るもの又はこれらに係る記録媒体その他の物をいう。

（防犯カメラの設置及び運用）

第3条 市長は、子供や女性を対象とした犯罪の予防及び解決その他市民生活の安全の確保を図るため、道路等に防犯カメラを設置し、撮影し、及び録画すること（次項第5号において「設置等」という。）ができる。

2 市長は、防犯カメラの設置及び運用に際しては、次の各号に掲げる事項を遵守しなければならない。

⑴ 撮影の対象区域及び範囲を必要最小限度とすること。

⑵ 画像の保管期間は、2週間以内の範囲内において規則で定める期間とすること。ただし、法令又は条例（次条第2項第1号において「法令等」という。）の規定に基づき画像を提供する場合又は捜査機関から犯罪捜査を目的とする要請を受けた場合において、市長が必要と認めるときは、2週間を超えて画像を保管することができる。

⑶ 保管期間を経過した画像については、消去又は粉砕その他の方法により復元することができないようにすること。

⑷ 画像の漏えい、滅失、毀損及び改ざんの防止その他画像の適正な管理のために必要な措置を講じること。

⑸ 市民等の見やすい場所に、防犯カメラを設置等している旨を表示すること。

⑹ 前各号に掲げるもののほか、規則で定める事項

（画像の利用及び提供の制限）

第4条 市長は、捜査機関から画像の提供の要請を受けた場合に限り、犯罪の予防及び解決その他市民生活の安全の確保を図るために必要があると認められる範囲内において、これを当該捜査機関に提供することができる。

2 市長は、前項の目的以外の目的のために画像を利用し、又は第三者に提供してはならない。ただし、次の各号のいずれかに該当するときは、この限りではない。

⑴ 法令等に規定があるとき。

⑵ 市民等の生命、身体又は財産の保護のため、緊急かつやむを得ないと認められるとき。

（管理責任者等の設置）

第5条 市長は、防犯カメラの適正な設置及び運用を行うため、規則で定めるところにより、管理責任者、取扱責任者その他必要な職員（次項において「管理

責任者等」という。）を置く。

2　管理責任者等は、規則で定める事務を行う。

（関係機関等との連携）

第６条　市長は、防犯カメラの設置による安全で安心なまちづくりの推進に当たっては、関係する機関及び団体との連携を図るものとする。

（苦情の処理）

第７条　市長は、防犯カメラの設置及び運用に関して市民等から苦情の申出があったときは、迅速かつ適切に対応するものとする。

（運用状況の公表）

第８条　市長は、規則で定めるところにより、毎年度、防犯カメラの運用状況を公表するものとする。

（施行細目の委任）

第９条　この条例の施行に関し必要な事項は、規則で定める。

附　則

この条例は、令和２年５月１日から施行する。

第３　民間部門対応型防犯カメラガイドライン

■札幌市防犯カメラの設置及び運用に関するガイドライン

1　目的

このガイドラインは、防犯カメラの設置及び運用に関し、事業者等が配慮すべき事項を定めることにより、市民のプライバシーを保護するとともに、防犯カメラに対する市民の不安感の解消を図り、もって防犯カメラの設置及び運用の適正化を促進することを目的とする。

2　定義

このガイドラインにおいて、次の各号に掲げる用語の意義は、当該各号に定めるところによる。

(1)　防犯カメラ

犯罪の予防を目的（犯罪の予防を副次的目的とする場合を含む。）として不特定多数の者が利用する施設や場所に継続的に設置している画像記録機能を備えているカメラをいう。

(2)　画像

防犯カメラにより撮影し、記録されたものであり、特定の個人を識別できるものをいう。

3　設置目的の明確化及び撮影の範囲

防犯カメラを設置し、撮影する場合には、以下の点に留意する。

(1) 設置の目的を明確にすること。

(2) 目的を達成するために必要な範囲に限って撮影すること。

4 管理及び運用の体制

次の各号に掲げる体制により、防犯カメラ及び画像を管理し、運用する。

(1) 防犯カメラの設置者（以下「設置者」という。）は、防犯カメラ及び画像の適正な管理及び運用を図る。

(2) 設置者は、必要があると判断する場合には、防犯カメラ及び画像の適正な管理及び運用に係る責任者（以下「管理責任者」という。）を指定する。

(3) 設置者又は管理責任者は、必要があると判断する場合には、防犯カメラの操作及び画像の取扱いを行う担当者（以下「操作担当者」という。）を指定し、それ以外の者による操作及び取扱いを禁止する。

5 設置の表示

設置者は、設置区域内の見やすい場所に防犯カメラを設置していることをわかりやすく表示する。

6 画像の適正な管理

画像を取り扱う者は、以下のとおり画像の適正な管理を行う。

(1) 画像記録装置の設置場所

防犯カメラの画像記録装置は、施錠可能な事務室内など、一般の者が出入りできない場所に設置する。

(2) 画像の保管

画像を記録した媒体は、施錠可能な事務室内、事務室内の施錠可能な保管庫内などで保管する。

(3) 画像の保存期間

画像の保存期間は、原則として1か月以内とし、保存期間を経過した画像は、速やかに消去する。

7 画像の適正な利用

画像を取り扱う者は、以下のとおり画像の適正な利用を行う。

(1) 画像の加工禁止

画像は、撮影時の状態のまま保存し、加工はしない。

(2) 知り得た情報の秘匿

画像から知り得た情報は、第三者に漏らさない。

(3) 目的外利用及び外部提供の禁止

ア 画像及び知り得た情報は、防犯カメラの設置目的以外に使用し、又は提供しない。ただし、次のいずれかに該当する場合は、この限りではない。

(ア) 法令に基づく手続により照会等を受けた場合
(イ) 捜査機関から犯罪捜査の目的により要請を受けた場合。ただし、捜査機関が画像の提出を求める場合は文書による。
(ウ) 個人の生命、身体又は財産の安全を守るため、緊急かつやむを得ない場合
(エ) 本人の同意がある場合
(オ) 本人の請求に基づき、本人に提供する場合

イ アのいずれかに該当する場合、設置者は、管理上必要な事項を記録する。

8 苦情に対する迅速かつ適切な処理

設置者は、防犯カメラの設置等に関する苦情の迅速かつ適切な処理をする。

9 設置基準の作成

(1) 設置者は、防犯カメラの設置等に当たって、3から8に沿った基準を作成する。
(2) 設置者は、管理責任者及び操作担当者に当該基準を遵守させる。
(3) 防犯カメラ及び画像の管理及び運用に関する業務を委託する場合には、受託者に当該設置基準を遵守させる。

第4 民間部門規制型防犯カメラ条例

■大多喜町防犯カメラの設置及び運用に関する条例

(目的)

第1条 この条例は、公共の場所における防犯カメラの設置及び運用に関し必要な事項を定めることにより、町民等の権利利益を保護するとともに、全ての町民が安全で安心して生活することのできる地域社会を実現することを目的とする。

(定義)

第2条 この条例において、次の各号に掲げる用語の意義は、当該各号に定めるところによる。

(1) 防犯カメラ　犯罪の予防を目的として特定の場所に継続的に設置される撮影装置であって、撮影した映像を表示し、又は記録する機能を有するもの（犯罪の予防を副次的目的とするものを含む。）をいう。
(2) 画像　防犯カメラの映像表示装置により表示された画像であって、当該画像から特定の個人を識別することができるものをいう。
(3) 画像データ　防犯カメラの映像記録装置により記録された電磁的記録（電子的方式、磁気的方式その他人の知覚によっては認識することができない方

式で作られる記録をいう。）であって、防犯カメラの映像表示装置等を用いて画像として表示することにより特定の個人を識別することができるものをいう。

(4) 公共の場所　道路、公園、広場その他の規則で定める多数の者が往来し、又は出入りする場所をいう。

(5) 町民等　町内に居住し、若しくは滞在し、又は町内を通過する者をいう。

（防犯カメラ設置運用規約の届出等）

第3条　次に掲げるものは、公共の場所に防犯カメラを設置しようとするときは、規則で定めるところにより、防犯カメラの設置及び運用に関する規約（以下「防犯カメラ設置運用規約」という。）を定め、これを町長に届け出なければならない。当該防犯カメラ設置運用規約の内容を変更しようとするときも、同様とする。

(1) 商工会法（昭和35年法律第89号）に基づく商工会

(2) 鉄道事業法（昭和61年法律第92号）第7条第1項に規定する鉄道事業者

(3) 犯罪の予防に関する自主的な活動を行う団体

(4) 前3号に掲げるもののほか、規則で定めるもの

（防犯カメラ設置者の責務）

第4条　前条各号に掲げるものは、公共の場所に防犯カメラを設置するときは、次に掲げる措置を講じなければならない。

(1) 防犯カメラの設置目的を明確にすること。

(2) 防犯カメラの撮影対象区域を明確にすること。

(3) 防犯カメラの撮影対象区域内の見やすい場所に、防犯カメラを設置している旨及び当該防犯カメラに係る防犯カメラ設置者（前条各号に掲げるものであって、現に公共の場所に防犯カメラを設置するものをいう。以下同じ。）の名称を表示すること。

(4) 防犯カメラの管理及び運用に関する責任者（以下「防犯カメラ管理責任者」という。）を置くこと。

(5) 防犯カメラの管理及び運用の業務を外部に委託する場合は、受託者にこの条例を遵守させること。

（画像等の適正な管理等）

第5条　防犯カメラ設置者、防犯カメラ管理責任者及び防犯カメラを取り扱う者（以下「防犯カメラ取扱者」という。）は、次に掲げる事項を遵守しなければならない。

(1) 防犯カメラ設置運用規約を遵守し、防犯カメラの適正な管理及び運用を図ること。

⑵　画像及び画像データ（以下「画像等」という。）から知り得た町民等の情報を他に漏らさないこと。防犯カメラ設置者、防犯カメラ管理責任者及び防犯カメラ取扱者でなくなった後においても同様とする。

⑶　画像データを加工しないこと。

⑷　規則で定める保管期間を経過した画像データは、消去又は記録媒体の破砕により復元することができないようにすること。

⑸　次に掲げる場合を除き、画像等を防犯カメラの設置目的以外の目的に利用し、又は第三者に提供しないこと。

ア　画像等から識別される特定の個人の同意があるとき。

イ　法令に定めがあるとき。

ウ　町民等の生命、身体又は財産に対する危険を避けるため、緊急かつやむを得ないと認められるとき。

⑹　画像データの廃棄、提供等及び苦情の処理の状況について記録しておくこと。

⑺　前各号に掲げるもののほか、画像等の漏えい、画像データの滅失及び損傷の防止その他の画像等の適正な管理のために必要な措置を講ずること。

（勧告等）

第6条　町長は、必要があると認めるときは、防犯カメラ設置者及び防犯カメラ管理責任者に対し、その設置し、又は管理する防犯カメラの管理及び運用等の状況について報告を求めることができる。

2　町長は、前項の報告により前3条の規定に違反する行為があると認めるときは、当該防犯カメラに係る防犯カメラ設置者に対し、当該違反行為の中止その他違反を是正するために必要な措置を講ずるよう勧告することができる。

（苦情の処理）

第7条　防犯カメラ設置者及び防犯カメラ管理責任者は、その設置し、又は管理する防犯カメラの設置、管理及び運用に関する町民等からの苦情があったときは、迅速かつ適切に処理するよう努めるものとする。

2　町長は、町民等から前項に規定する苦情（第3条から第5条までの規定に違反する行為に係るものに限る。）の処理に関して不服がある旨の申出があったときは、迅速かつ適切に処理するよう努めるものとする。

（委任）

第8条　この条例の施行に関し必要な事項は、規則で定める。

附　則

この条例は、公布の日から施行する。

第5 複合対応型防犯カメラガイドライン

■（埼玉県）防犯カメラの設置と利用に関する指針

第1 通則

1 目的

この指針は、埼玉県防犯のまちづくり推進条例（平成16年埼玉県条例第36号）第19条第2項の規定に基づき、道路、公園その他の公共の場所の防犯カメラについて、設置及び利用の基準を示すことにより、防犯カメラの適切な運用を図ることを目的とする。

2 基本的な考え方

(1) この指針は、防犯カメラの有用性に配意しつつ、県民等の人権を保護するために、防犯カメラの設置者に対して、その設置及び利用に関し配慮する必要がある事項を示すものである。

(2) この指針は、社会状況等の変化を踏まえ、必要に応じて見直すものとする。

第2 道路、公園その他公共の場所における防犯カメラの設置及び利用に関する基準

防犯カメラの設置及び利用に関する基準は、次のとおりとする。

1 定義

(1) 防犯カメラ

この指針における防犯カメラとは、犯罪の防止を目的として設置される映像機器及びこれに附属する機器をいう。

(2) 防犯カメラの設置者

この指針における防犯カメラの設置者とは、次に掲げるものをいう。

ア 県

イ 市町村

ウ 商店街（商店街振興組合法（昭和37年法律第141号）に基づき設立された商店街振興組合及び商店街振興組合連合会並びに中小企業等協同組合法（昭和24年法律第181号）に基づき設立された事業協同組合並びに一定の地域において商店が集団形態をとり共同事業等の事業活動を行う団体）

エ 自治会、町内会等（地方自治法（昭和22年法律第67号）第260条の2第1項に規定する地縁による団体及びその他の地域における団体）

オ 鉄道事業法（昭和61年法律92号）第3条第1項の規定により鉄道事業の経営について国土交通大臣の許可を受けた者

カ 県及び市町村から事務又は事業の委託を受けた者及び地方自治法（昭和22年法律第67号）第244条の2第3項に規定する指定管理者

⑶　設置場所

この指針における防犯カメラの設置場所とは、不特定多数の者が自由に利用することができる場所であり、次に掲げるものをいう。

ア　道路

イ　公園

ウ　広場

エ　鉄道の駅の自由通路

2　設置者等が配慮する必要がある事項

防犯カメラの設置者は、次の点に留意し、防犯カメラの設置、利用及び画像（防犯カメラによって収集された映像及び防犯カメラによって収集された映像で記録されたものをいう。）の取扱いを適正に行うものとする。

⑴　防犯カメラの設置者は、防犯カメラの設置について、現場において明らかになるよう適切な措置を講ずるものとする。

⑵　防犯カメラの設置者は、防犯カメラの管理及び利用を適切に行うため、防犯カメラの運用責任者を置くものとする。

⑶　防犯カメラの設置者及び防犯カメラの運用責任者（以下「設置者等」という。）は、当該防犯カメラの画像から知り得た県民等の情報をみだりに他に漏らし、又は不当な目的のために使用しないものとする。

⑷　設置者等は、当該防犯カメラの画像から知り得た県民等の情報が、その他の防犯カメラの運用に従事する者により他に漏れることのないように、又は不当な目的のために使用されないように必要な措置を講ずるものとする。

⑸　設置者等は、次の場合を除くほか、画像を設置目的以外の目的に利用し、又は第三者に提供しないものとする。

ア　県民等の生命、身体及び財産に対する差し迫った危険があり、緊急の必要性がある場合

イ　法令に基づく手続により照会等を受けた場合

⑹　設置者等は、画像の漏えい、滅失、き損及び改ざんの防止その他の画像の安全管理のために次の点に留意し、必要な措置を講ずるものとする。

ア　法令に基づく手続により照会等を受けた場合を除き、画像は必要な期間を超えて保存しない。

イ　保存期間の終了した画像は確実に消去する。

ウ　画像の記録された媒体は、防犯カメラの設置者等があらかじめ定めた防護された場所に保管する。

⑺　設置者等は、その取り扱う防犯カメラの設置等に関する苦情に誠意をもって対応するものとする。

(8) 防犯カメラの設置者は、当該防犯カメラの管理、運用等に関する基準を策定し、防犯カメラの設置及び利用が適正なものとなるよう努めるものとする。なお、防犯カメラの設置者が策定する防犯カメラの管理、運用等に関する基準に記載する必要がある事項を例示すると、次のとおりである。

ア 防犯カメラの設置目的に関すること。

イ 防犯カメラの設置場所、撮影範囲に関すること。

ウ 防犯カメラの運用責任者その他の防犯カメラの運用に従事する者の指定に関すること。

エ 画像の取扱いの制限に関すること。

オ 画像の漏えい、滅失、き損及び改ざんの防止その他の画像の安全管理の措置に係る次の事項に関すること。

(ア) 画像の保存期間

(イ) 画像の廃棄方法

(ウ) 画像の記録された媒体の保管

カ 苦情処理に関すること。

キ その他防犯カメラの設置、画像の取扱いを適正に行うために必要な事項

3 その他

この指針で規定されていない場所に防犯カメラを設置する場合及びこの指針で規定されていない設置者が防犯カメラを設置する場合においても、この指針の趣旨に則り、県民等の人権を侵害しないように努めるものとする。

第6 複合規制型防犯カメラ条例

■杉並区防犯カメラの設置及び利用に関する条例

(目的)

第1条 この条例は、防犯カメラの設置及び利用に関し、基本原則及び必要な事項を定めることにより、防犯カメラの有用性に配慮しつつ、区民等の権利利益を保護することを目的とする。

(定義)

第2条 この条例において、次の各号に掲げる用語の意義は、それぞれ当該各号に定めるところによる。

(1) 防犯カメラ 犯罪の予防を目的として特定の場所に継続的に設置されるカメラ装置（犯罪の予防を従たる目的として設置されるものを含む。）で、画像表示装置及び録画装置を備えるものをいう。

(2) 画像 防犯カメラにより記録された画像であって、当該画像から特定の個

人を識別することができるものをいう。

（基本原則）

第3条　防犯カメラを設置し、又は利用するものは、区民等がその容ぼう・姿態をみだりに撮影されない自由を有することにかんがみ、防犯カメラの設置及び利用並びに画像の取扱い（以下「防犯カメラの設置等」という。）に関し、適正な措置を講ずるように努めるものとする。

（設置利用基準の届出）

第4条　次に掲げるものが、道路、公園その他規則で定める多数の者が来集する場所に防犯カメラを設置しようとする場合には、規則で定めるところにより、防犯対象区域その他の防犯カメラの設置及び利用に関する基準を定め、これを区長に届け出なければならない。届出の内容を変更しようとするときも、同様とする。

(1)　杉並区

(2)　商店街振興組合法（昭和37年法律第141号）に基づく振興組合及び振興組合連合会並びに中小企業等協同組合法（昭和24年法律第181号）に基づく商店街協同組合

(3)　地方自治法（昭和22年法律第67号）第260条の2第1項に規定する地縁による団体

(4)　その他規則で定めるもの

（防犯カメラ取扱者の義務等）

第5条　前条の規定による届出の義務のあるもの（以下「届出義務者」という。）で防犯カメラを設置しようとするものは、その取り扱う防犯カメラの管理及び利用を適切に行わせるために、防犯対象区域ごとに防犯カメラ管理責任者を置かなければならない。ただし、自ら防犯カメラ管理責任者となる防犯対象区域については、この限りでない。

2　届出義務者で防犯カメラを設置したものは、規則で定めるところにより、防犯対象区域ごとに、その見やすい場所に、防犯カメラ管理責任者の氏名、防犯カメラを設置している旨その他規則で定める事項を表示しなければならない。

第6条　届出義務者で防犯カメラを設置したもの及び防犯カメラ管理責任者（以下「防犯カメラ取扱者」という。）は、画像（当該防犯カメラにより記録されたものに限る。以下同じ。）から知り得た区民等の情報を他に漏らしてはならない。防犯カメラ取扱者でなくなった後においても同様とする。

2　防犯カメラ取扱者は、次に掲げる場合を除き、画像を設置目的以外の目的に利用し、又は第三者に提供してはならない。

(1)　画像から識別される特定の個人（以下「本人」という。）の同意がある場

合

(2) 法令に定めがある場合

(3) 区民等の生命、身体又は財産に対する危険を避けるため、緊急かつやむを得ないと認められる場合

3 防犯カメラ取扱者は、画像を保存する場合には、当該画像を加工してはならない。

4 防犯カメラ取扱者は、画像の漏えい、滅失又はき損の防止その他の画像の安全管理のために必要な措置を講じなければならない。

5 防犯カメラ取扱者は、本人から、当該本人が識別される画像の開示を求められたときは、本人に対し、当該画像を開示するよう配慮しなければならない。

6 防犯カメラ取扱者は、その取り扱う防犯カメラの設置等に関する苦情の適切かつ迅速な処理に努めなければならない。

(報告の徴収等)

第7条 区長は、必要があると認めるときは、防犯カメラ取扱者に対し、その取り扱う防犯カメラの設置等について報告を求めることができる。

2 区長は、前項の報告により、第4条、第5条第1項若しくは第2項又は第6条第1項、第2項、第3項若しくは第4項の規定に違反する行為があると認めるときは、当該防犯カメラ取扱者に対し、当該違反行為の中止その他違反を是正するために必要な措置をとるべき旨の勧告をすることができる。

(苦情の申立て)

第8条 区民等は、防犯カメラの設置等について、区長に対し、苦情を申し立てることができる。

2 区長は、前項の規定により苦情の申立てを受けたときは、適切かつ迅速に処理するものとする。

3 区長は、第1項の苦情の処理について必要があると認めるときは、杉並区情報公開・個人情報保護審議会の意見を聴くことができる。

(公表)

第9条 区長は、第7条第2項の勧告をした場合において、当該勧告を受けた者が、正当な理由なく、その勧告に従わなかったときは、その旨を公表することができる。ただし、勧告を行ういとまがないと認められるときは、同項の規定にかかわらず、勧告を行わないでその旨を公表することができる。

2 区長は、毎年1回以上、第4条の規定による届出の状況、前条第1項の苦情の処理状況その他規則で定める事項を公表しなければならない。

(委任)

第10条 この条例の施行に関し必要な事項は、規則で定める。

附則

1　この条例は、平成16年7月1日（以下「施行日」という。）から施行する。

2　この条例の施行の際現に道路、公園その他規則で定める多数の者が来集する場所に防犯カメラを設置しているもので、第4条各号のいずれかに該当するものは、施行日から起算して1月以内に、規則で定めるところにより、当該防犯カメラの設置及び利用に関する基準を定め、これを区長に届け出なければならない。この場合において、当該届出は、同条の規定によりされた届出とみなす。

3　杉並区情報公開・個人情報保護審議会条例（昭和61年杉並区条例第41号）の一部を次のように改正する。

〈以下略〉

■豊田市防犯カメラの設置及び運用に関する条例

（目的）

第1条　この条例は、公共の場所における防犯カメラの適正な設置及び運用を推進することにより、市民等の権利利益の保護を図り、もって市民が安全で安心して生活することのできる地域社会の実現に寄与することを目的とする。

（定義）

第2条　この条例において、次の各号に掲げる用語の意義は、当該各号に定めるところによる。

(1)　防犯カメラ　犯罪の予防を目的として特定の場所に継続的に設置されるカメラ装置（設置されることにより犯罪の予防の効果を有するものを含む。）であって、録画装置を備えるものをいう。

(2)　市民等　本市に居住し、若しくは滞在し、又は本市を通過する者をいう。

(3)　画像データ　防犯カメラの録画装置により記録された電磁的記録（電子的方式、磁気的方式その他人の知覚によっては認識することができない方式で作られる記録をいう。）であって、防犯カメラの画像表示装置その他の画像表示装置を用いて画像として表示することにより特定の個人を識別することができるものをいう。

(4)　公共の場所　道路、公園、広場その他規則で定める場所で不特定多数の者が自由に利用し、又は通行する場所をいう。

(5)　防犯対象区域　防犯カメラの設置により、犯罪の予防をしようとする区域又は場所をいう。

（基本原則）

第3条　防犯カメラを設置し、及び運用するものは、市民等がその容貌、姿態又は生活をみだりに撮影されない自由を有することに鑑み、防犯カメラの設置及び運用並びに画像データの取扱いに関し、適正な措置を講ずるものとする。

（設置運用基準の届出）

第４条 次に掲げるものは、公共の場所に向けて防犯カメラを設置しようとするときは、規則で定めるところにより、防犯カメラの設置及び運用に関する基準（以下「設置運用基準」という。）を定め、市長に届け出なければならない。届け出た事項を変更しようとするときも、同様とする。

(1) 市

(2) 市から事務又は事業の委託を受けた者及び市から指定を受けた地方自治法（昭和22年法律第67号）第244条の２第３項に規定する指定管理者

(3) 自治区その他の地域的なコミュニティ活動を行う団体

(4) 商店街振興組合法（昭和37年法律第141号）の規定に基づく商店街振興組合、中小企業等協同組合法（昭和24年法律第181号）の規定に基づく事業協同組合（商店街に係るものに限る。）及び商工会法（昭和35年法律第89号）の規定に基づく商工会並びにこれらに準ずる団体として規則で定める団体

(5) 鉄道事業法（昭和61年法律第92号）第７条第１項に規定する鉄道事業者及び軌道法（大正10年法律第76号）第４条に規定する軌道経営者

（設置者の義務）

第５条 前条の規定による届出の義務があるもの（以下「届出義務者」という。）は、防犯カメラの運用を適切に行うために、防犯対象区域ごとに防犯カメラ管理責任者（以下「管理責任者」という。）を置かなければならない。

２ 届出義務者で防犯カメラを設置したもの（以下「設置者」という。）は、防犯対象区域内の見やすい場所に、防犯カメラを設置している旨及び設置者の名称を表示しなければならない。

３ 設置者は、第３条の基本原則にのっとり、防犯カメラを設置しなければならない。

（取扱者の指定）

第６条 管理責任者は、設置された防犯カメラの機器操作を行う者（以下「取扱者」という。）を指定するものとする。この場合において、取扱者は、管理責任者とは別の者でなければならない。

２ 管理責任者及び取扱者以外の者は、設置された防犯カメラの機器操作を行うことができない。ただし、緊急であり、かつ、やむを得ない場合は、管理責任者の許可を得て、管理責任者及び取扱者以外の者が機器操作を行うことができるものとする。

３ 前項ただし書の規定により機器操作を行った者は、行った機器操作の内容を

管理責任者に報告しなければならない。

（設置者等の義務）

第7条 設置者、管理責任者及び取扱者（前条第2項ただし書の規定により機器操作を行う者を含む。以下同じ。）（以下「設置者等」という。）は、防犯カメラの適正な運用を図り、設置運用基準を遵守しなければならない。

2 設置者等は、防犯カメラで撮影した画像又は画像データから知り得た市民等の情報を他に漏らし、又は不当な目的のために使用してはならない。設置者等でなくなった後においても、同様とする。

（画像データの適正な取扱い）

第8条 管理責任者及び取扱者は、防犯カメラの運用に当たって、市民等の容貌、姿態又は生活をみだりに撮影してはならない。

2 設置者等は、次に掲げる場合を除き、画像データを防犯カメラの設置目的以外の目的に利用し、又は第三者に提供してはならない。

(1) 法令に基づく場合

(2) 市民等の生命、身体又は財産を保護するため、緊急であり、かつ、やむを得ないと認められる場合

(3) 画像データから識別される特定の個人（以下「本人」という。）の同意がある場合

3 管理責任者及び取扱者は、画像データの漏えい、滅失、き損、流出及び改ざんの防止その他の画像データの適正な管理のために次に掲げる措置を講じなければならない。

(1) 画像データを保存する場合には、当該画像データを加工しないこと。

(2) 画像データの表示又は保存をする場合において、通信回線と接続している電子計算機を使用するときは、安全対策の措置を講ずること。

(3) 画像データを記録した媒体は、設置者等があらかじめ定めた防護された場所で厳重に管理し、前項各号による場合を除き、外部に持ち出さないこと。

(4) 規則で定める保存期間を経過した画像データは、消去、記録された媒体の破砕その他の方法により復元できないよう適切に処理すること。

（画像データの開示）

第9条 設置者及び管理責任者は、本人から自己の画像データの開示を求められたときは、本人に対し、当該画像データを開示するように努めなければならない。

（苦情対応）

第10条 設置者及び管理責任者は、防犯カメラの設置及び運用に関して市民等から苦情があったときは、迅速かつ適切に対応するものとする。

2 市民等は、前項に規定する苦情の対応に不服があるときは、市長に対し、そ

の旨を申し出ることができる。

3　市長は、前項の規定による申出を受けたときは、迅速かつ適切に対応するものとする。

（報告及び勧告）

第11条　市長は、必要があると認めるときは、設置者又は管理責任者に対し、その設置し、又は管理する防犯カメラの管理及び運用の状況について報告を求めることができる。

2　市長は、前項の規定による報告において第4条から前条までの規定に違反する行為があると認めるときは、設置者及び管理責任者に対し、規則で定めるところにより、当該違反する行為の中止その他違反を是正するために必要な措置を講ずるよう勧告することができる。

第12条　市長は、前条第2項の規定により勧告した場合において、当該勧告を受けた者が正当な理由なくその勧告に従わなかったときは、規則で定めるところにより、その事実を公表することができる。

2　市長は、前項の規定による公表をしようとするときは、あらかじめ、当該勧告を受けた者に対し、意見を述べる機会を与えなければならない。

（市が設置した防犯カメラの画像データの取扱い）

第13条　市が設置した防犯カメラの画像データの取扱いについては、この条例に定めるもののほか、豊田市個人情報保護条例（平成15年条例第33号）に定めるところによる。

（委任）

第14条　この条例に定めるもののほか、必要な事項は、市長が別に定める。

附　則

（施行期日）

1　この条例は、平成25年6月1日（以下「施行日」という。）から施行する。

（経過措置）

2　施行日において現に公共の場所に向けて防犯カメラを設置しているもので、第4条各号のいずれかに該当するものは、施行日から起算して1月以内に設置運用基準を定め、これを市長に届け出なければならない。

3　第5条から第12条までの規定は、前項の規定による届出をしたものについて適用する。

■栃木市防犯カメラの設置及び運用に関する条例

（目的）

第1条　この条例は、防犯カメラの設置及び運用に関し必要な事項を定めること

により、市民等の権利利益を保護するとともに、安全安心で快適に暮らせるまちづくりに資する

（定義）

第2条 この条例において、次の各号に掲げる用語の意義は、それぞれ当該各号に定めるところによる。

(1) 公共の場所　道路、公園、広場その他規則で定める場所で、不特定多数の者が利用し、又は通行する場所をいう。

(2) 防犯カメラ　犯罪を防止するため、公共の場所に向けて、特定の場所に継続的に設置されたビデオカメラその他の撮影機器であって、録画する機能を有するものをいう。

(3) 市民等　市内に住所を有する者及び市内に通勤し、通学し、若しくは滞在する者又は市の区域を通過する者をいう。

(4) 画像データ　防犯カメラにより撮影され、記録された電磁的記録（電子的方式、磁気的方式その他人の知覚によっては認識することができない方式で作られる記録をいう。）であって、当該電磁的記録の画像から特定の個人を識別することができるものをいう。

（届出）

第3条 次に掲げるもののうち防犯カメラを設置しようとするもの（以下「設置者」という。）は、防犯カメラの設置及び運用に関する規約（以下「設置運用規約」という。）を定め、規則で定めるところにより、これを市長に届け出なければならない。これを変更しようとするときも、同様とする。

(1) 地方自治法（昭和22年法律第67号）第260条の2に規定する地縁による団体及びこれに類する団体

(2) その他市長が必要と認めるものとして規則で定めるもの

2 前項の規定により設置の届出をしたものは、防犯カメラを廃止したときは、速やかにその旨を市長に届け出なければならない。

（設置運用基準）

第4条 前条に規定する設置運用規約には、次に掲げる事項を定めなければならない。

(1) 防犯カメラの設置場所、設置台数及び撮影対象区域に関すること。

(2) 防犯カメラの設置の表示に関すること。

(3) 画像データの保管期間、保管方法及び廃棄方法に関すること。

(4) 管理責任者の設置及び取扱者の指定に関すること。

(5) その他適正な設置及び運用に関し規則で定める事項

（管理責任者）

第5条　設置者は、防犯カメラの管理及び運用を適切に行うために、防犯カメラ管理責任者（以下「管理責任者」という。）を置かなければならない。

（取扱者の指定）

第6条　管理責任者は、設置された防犯カメラの機器の操作を行う者（以下「取扱者」という。）を指定することができる。

（防犯カメラの操作）

第7条　管理責任者及び取扱者以外の者は、設置された防犯カメラの機器の操作を行ってはならない。ただし、緊急かつやむを得ない場合は、管理責任者の許可を得て、管理責任者及び取扱者以外の者が操作を行うことができる。

2　前項ただし書の規定により防犯カメラの機器の操作を行った者は、その操作の内容を管理責任者に報告しなければならない。

（表示）

第8条　設置者は、撮影対象区域ごとの見やすい場所に、防犯カメラを設置している旨及び設置者の名称を表示しなければならない。

（画像データの管理）

第9条　設置者、管理責任者及び取扱者（以下「設置者等」という。）は、次に掲げる事項を遵守しなければならない。

(1)　設置運用規約に従い、適正な管理及び運用を図ること。

(2)　画像データから知り得た市民等の情報を他に漏らさないこと。

(3)　画像データの複製、印刷、編集又は加工をしないこと。ただし、次条ただし書に定める場合を除く。

(4)　画像データの表示又は保存をする場合において、電気通信回線と接続している電子計算機を使用するときは、画像データの漏えい、改ざん等の防止のための措置を講ずること。

(5)　画像データを記録した媒体は、施錠された場所で厳重に保管すること。

(6)　規則で定める保管期間を経過した画像データは、重ね撮り等により速やかに消去し、又は記録媒体の破砕により復元することができないよう適切に処理すること。

（画像データの目的外利用等の禁止）

第10条　設置者等は、画像データを防犯カメラの設置目的以外の目的に利用し、又は第三者に提供してはならない。ただし、次の各号のいずれかに該当するときは、この限りでない。

(1)　画像データから識別される特定の個人の同意を得ているとき。

(2)　法令に定めがあるとき。

(3)　個人の生命、身体又は財産の安全を守るため、緊急かつやむを得ないと認めるとき。

（苦情の処理）

第11条　設置者及び管理責任者は、防犯カメラの設置及び運用に関して市民等から苦情があったときは、適切かつ迅速な処理に努めなければならない。

2　市民等は、設置者及び管理責任者が前項の規定による苦情（第3条から前条までの規定に違反する行為に係るものに限る。）について適切な措置を講じなかったときは、市長に対し苦情を申し出ることができる。

3　市長は、前項の規定による申出があったときは、適切かつ迅速な処理をするよう努めなければならない。

（報告）

第12条　市長は、必要があると認めるときは、設置者等に対し、その管理する防犯カメラの管理及び運用について、報告を求めることができる。

（指導及び勧告）

第13条　市長は、第3条から第5条まで及び第7条から第10条までの規定に違反する行為があると認めるときは、当該違反行為の中止その他違反を是正するために必要な措置を講ずるよう指導し、又はその指導に従わなかったときは勧告することができる。

（公表）

第14条　市長は、前条の規定による勧告をした場合において、当該勧告を受けた者が正当な理由なくその勧告に従わなかったときは、規則で定めるところにより、その事実を公表することができる。

2　市長は、前項の規定による公表をしようとするときは、あらかじめ、前条の規定による勧告を受けた者に意見を述べる機会を与えなければならない。

（市が設置する防犯カメラの取扱い）

第15条　市は、第4条各号に掲げる事項を定めて、防犯カメラを設置することができる。

2　市が設置する防犯カメラの管理及び運用については、第5条から第9条までの規定を準用する。この場合において、第5条及び第8条中「設置者」とあるのは「市」と、第9条中「設置者、管理責任者及び取扱者（以下「設置者等」という。）」とあるのは「市、管理責任者及び取扱者」と読み替えるものとする。

3　前項の規定により読み替えて準用する第5条から第9条までの規定に定めるもののほか、画像データの取扱いについては、栃木市個人情報保護条例（平成22年栃木市条例第21号）の定めるところによる。

（委任）

第16条　この条例の施行に関し必要な事項は、規則で定める。

附　則

この条例は、平成29年7月1日から施行する。

■美濃加茂市防犯カメラの設置及び運用に関する条例

（目的）

第1条　この条例は、防犯カメラの設置及び運用に関し必要な事項を定めることにより、防犯カメラの適正な管理を行い、市民等の権利利益を保護するとともに、市民等が安全で安心して暮らし続けられるまちの実現に寄与することを目的とする。

（定義）

第2条　この条例において、次の各号に掲げる用語の意義は、当該各号に定めるところによる。

(1)　公共の場所　道路、公園、広場、鉄道の駅の自由通路、公の施設及び市の庁舎等の事務所で不特定多数の者が自由に利用し、又は通行する場所をいう。

(2)　防犯カメラ犯罪の予防を目的として、公共の場所を撮影するために固定して設置する撮影装置であって、録画装置を備えるものをいう。

(3)　市民等　市内に居住し、若しくは滞在し、又は本市を通過する者をいう。

(4)　画像データ　防犯カメラにより撮影された画像で、記録媒体に記録されたもののうち、当該画像から特定の個人を識別することができるものをいう。

（基本原則）

第3条　防犯カメラを設置し、又は運用するものは、市民等がその容貌又は姿態をみだりに撮影されない自由を有することに鑑み、防犯カメラの設置及び運用に関し、適切な措置を講じなければならない。

（設置運用基準）

第4条　防犯カメラを設置しようとするもので次に掲げるものは、設置の目的その他の規則で定める事項を定めた防犯カメラの設置及び運用に関する基準（以下「設置運用基準」という。）を定めなければならない。

(1)　市

(2)　指定管理者（地方自治法（昭和22年法律第67号）第244条の2第3項の規定により、公の施設の管理を行う指定管理者をいう。以下同じ。）

(3)　自治会その他の地域的な共同活動を行う団体

(4)　商店街振興組合法（昭和37年法律第141号）に基づく商店街振興組合及び商店街振興組合連合会、中小企業等協同組合法（昭和24年法律第181号）に基づく事業協同組合並びにこれらに準ずる団体

(5)　鉄道事業法（昭和61年法律第92号）第7条第1項に規定する鉄道事業者

(6) 前各号に掲げるもののほか、規則で定めるもの

2 前項第2号から第6号に掲げるものは、防犯カメラを設置するときは、規則で定めるところにより、市長に届け出なければならない。当該届出の内容を変更するときも、同様とする。

(届出義務者等の責務)

第5条 前条第1項各号に掲げるもの(以下「届出義務者」という。)は、防犯カメラを設置するに当たっては、次に掲げる措置を講じなければならない。

(1) 防犯カメラの設置台数をこの条例の目的に照らして必要最小限の台数とすること。

(2) 防犯カメラの撮影対象区域を明確にし、かつ、必要最小限の範囲とすること。

(3) 防犯カメラの管理及び運用を適正に行わせるために、防犯カメラ管理責任者(以下「管理責任者」という。)を置くこと。

(4) 防犯カメラの運用に関する業務を外部に委託する場合は、この条例に規定する防犯カメラの運用に関する責務を受託者に遵守させること。

2 届出義務者で防犯カメラを設置したもの(以下「設置者」という。)は、撮影対象区域内又はその周辺の見やすい場所に防犯カメラを設置している旨その他の規則で定める事項を表示しなければならない。

3 設置者(市を除く。第10条、第11条第1項及び第13条第2項において同じ。)は、防犯カメラを廃止したときは、規則で定めるところにより、市長に届け出なければならない。

(設置者等の責務)

第6条 設置者、管理責任者及びこれらを補助する者(以下「設置者等」という。)は、設置運用基準を遵守し、防犯カメラの適正な運用を図らなければならない。

2 設置者等は、防犯カメラで撮影した画像データから知り得た市民等の情報を他に漏らし、又は不当な目的のために使用してはならない。設置者等でなくなった後も、同様とする。

(画像データの適正な取扱い)

第7条 設置者等は、画像データの漏えい、滅失、毀損、流出及び改ざんの防止その他の画像データの適正な管理のために、次に掲げる措置を講じなければならない。

(1) 画像データを保存する場合には、当該画像を加工することなく、撮影時の状態のままで保存すること。

(2) 画像データの表示又は保存をする場合において、通信回線と接続している電子計算機を使用するときは、安全対策の措置を講ずること。

(3) 画像データを保管するときは、盗難、散逸等を防止するために、施錠することができる保管庫を使用する等必要な措置を講ずること。

(4) 規則で定める保存期間を経過した画像データは、消去、記録された媒体の破砕その他の方法により復元できないよう適切に処理すること。

（目的外利用及び外部提供の制限）

第8条 設置者は、画像データを防犯カメラの設置目的以外に利用すること（以下「目的外利用」という。）又は第三者に提供すること（以下「外部提供」という。）をしてはならない。

2 設置者は、前項の規定にかかわらず、次の各号のいずれかに該当する場合は、目的外利用又は外部提供をすることができる。

(1) 画像データから識別される特定の個人（以下「本人」という。）の同意があるとき。

(2) 法令に定めがあるとき。

(3) 市民等の生命、身体又は財産の安全を守るため、緊急かつやむを得ないと認められるとき。

3 設置者は、前項の規定により外部提供をするときは、画像データの提供を受けるものに対し、外部提供に係る画像データについて、その利用の目的若しくは方法の制限その他必要な制限を付し、又は漏えいの防止その他の画像データの適切な管理のために必要な措置を講ずることを求めるものとする。

（画像データの開示）

第9条 設置者は、本人から自己の画像データの開示を求められたときは、本人に対し、必要と認められる範囲内で合理的な方法により、当該画像データを開示するよう配慮しなければならない。

（報告）

第10条 市長は、必要があると認めるときは、設置者に対し、その管理する防犯カメラの設置及び運用について報告を求めることができる。

（指導及び勧告）

第11条 市長は、第5条から第9条までの規定に違反する行為があると認めるときは、設置者に対し、当該違反行為の中止その他違反を是正するために必要な措置を採るべき旨の指導をすることができる。

2 市長は、前項の規定による指導に従わないものに対し、期限を定めて、当該指導に従うよう勧告することができる。

（公表）

第12条 市長は、前条第2項の規定による勧告をした場合において、同項の期限内にその勧告に従わなかったときは、規則で定めるところにより、その旨を公表することができる。

2　市長は、前項の規定による公表をしようとするときは、あらかじめ、前条第２項の規定による勧告を受けたものに意見を述べる機会を与えなければならない。

（苦情への対応）

第13条　設置者は、当該防犯カメラの設置又は運用について市民等から苦情があったときは、速やかに必要な措置を講じなければならない。

2　市民等は、前項の規定による設置者の苦情への対応に不服があるときは、市長に対し、苦情を申し出ることができる。

3　市長は、前項の規定による苦情の申出を受けたときは、速やかに適切な対応をしなければならない。

（市等が設置した防犯カメラの画像データの取扱い）

第14条　市及び指定管理者においては、第８条及び第９条の規定にかかわらず、画像データの取扱いについては、美濃加茂市個人情報保護条例（平成11年美濃加茂市条例第21号）の定めるところによる。

（委任）

第15条　この条例に定めるもののほか、防犯カメラの設置及び運用に関し必要な事項は、市長が別に定める。

附　則

（施行期日）

1　この条例は、平成31年４月１日から施行する。

（経過措置）

2　この条例の施行の際現に防犯カメラを設置しているもので第４条第１項第２号から第６号までのいずれかに該当するもの（以下「既存設置者」という。）は、この条例の施行の日から起算して３月以内に、市長に届け出なければならない。

3　既存設置者については、前項の規定による届出がなされるまでの間は、第５条から第13条までの規定は、適用しない。ただし、施行日から起算して３月を経過した後は、この限りでない。

あとがき

本書で解説してきたように、自治体における防犯カメラの法政策は多種多様ですが、いずれの法政策が相応しいかについては、地域の事情や自治体の財政状況によって異なります。どのような法政策を選択するにせよ、本書で指摘したそれぞれの法政策がかかえる問題や課題を解決する必要があります。こうした問題や課題が解決され、防犯カメラが社会に有用なインフラとして、住民の理解とコントロールのもとで、これまで以上に有効かつ効果的に活用されるよう、自治体の法政策が推進されることを願っています。

最後に、鹿児島大学法学部の卒業生で筆者のゼミの所属であったデジタルネイティブ世代の児島優香さんの提言をもって、読者のみなさんへのラストメッセージとしたいと思います。

自治体の防犯カメラ法政策に対する提言

私は、宇那木研究室に所属し、教授の研究テーマの一つである自治体の防犯カメラ政策について学びました。防犯カメラは、女性や子どもなど犯罪被害者となる可能性のあるひとにとっては、とても頼もしい存在であり、設置推進には賛成です。他方、収集の主な対象となる情報は、自身のアイデンティティーにかかわるリアルな個人の容貌や容姿、そして行動に関するものです。公共空間を利用しているというだけで、これらの情報が自身の知らないうちに収集されることについて、無条件に受忍すべき合理的な理由をみいだすことはできません。たとえ、公共空間におけるプライバシーの保護は緩やかなものにならざるを得ないとしても、収集された情報がどのように保管され、また、廃棄されるのかといったプロセスが明確にされていなければ、プライバシーの保護として十分とはいえないと思います。

役所が信用できないわけではありませんが、昨今のニュースを目にすると意図しない目的外利用や流出の可能性も否定できません。見も知らぬ人により私自身の容貌や容姿だけではなく、自身の行動に関する情報が取得され、今日のネット環境の中で流通され、あるいは、犯罪に利用されるといったことも考えられないわけではありません。

日常では、まちを歩いていても、私たちは、防犯カメラの存在に気付くことはほとんどありません。とはいえ、仮に役所の方が、カメラをかまえて、私たちの容貌や容姿を撮影、収集しているとすれば、それに対する嫌悪感や不安感をもつ人は少なくないと思います。いずれの場合であっても、私たちの容貌や容姿、それに行動に関する情報が本人の同意なく収集されていることに違いはありません。

結論的には、本書で指摘されているように、条例という民主的ルールにより設置・運用の根拠を定め、その限界を画し、あらかじめ市民に公表したうえで、積極的に防犯カメラ政策が推進されることを期待しています。

児島　優香

判例索引

【最高裁】

【高裁】

【地裁】

主要事項索引

※初出または主要な頁のみ表示

著者紹介

宇那木　正寛（うなき・まさひろ）

昭和62年３月広島大学法学部卒業。同年４月岡山市役所入庁。市税滞納整理、例規審査、訟務、情報公開・個人情報保護、市長政策秘書、法務人材の育成、環境総務などの業務を担当、岡山大学大学院社会科学研究科非常勤講師を経て、平成26年４月、鹿児島大学法文学部准教授、平成28年４月より鹿児島大学学術研究院教授。

主な著作として、『自治体政策立案入門―実務に活かす20の行政法学理論』（単著、ぎょうせい、2015年）、『行政代執行の理論と実践』（共著、ぎょうせい、2016年）、『実証 自治体行政代執行の手法とその効果』（第一法規、2022年）など。

改正個人情報保護法で変わる

自治体防犯カメラの法務と実務

令和4年11月30日　第1刷発行

著　者　宇那木　正寛

発　行　株式会社ぎょうせい

〒136-8575　東京都江東区新木場1-18-11
URL：https://gyosei.jp

フリーコール　0120-953-431
ぎょうせい　お問い合わせ　検索　https://gyosei.jp/inquiry/

〈検印省略〉

印刷　ぎょうせいデジタル（株）

ISBN978-4-324-11197-0
（5108825-00-000）
〔略号：防犯カメラ〕